Fraszki do rozpuku

STANISŁAW PYSEK PRUSIŃSKI

Copyright © 2020 Literally Literature
All rights reserved.
ISBN-13: 978-1-970090-26-0

Fraszek się humor udziela fajny

A to jest zasługa i mądrość

Mojej Córeczki Joanny.

Żałował
Żałował ale za późno
Aż pod zakładki same
Najpierw wjechał do garażu
A później otworzył bramę.

Księgowy
Księgowy się kiedyś pomylił
Naliczając duże sumy
Wpłacał tylko na swoje konto
We więzieniu ma powód do dumy.

Wydawało
Wydawać się mogło że był mądry
Ciągle tworzył coś nowego
Kiedyś palma mu odbiła
I zygzaki wyszły z tego.

Bać się
Bał się poranka południa nocy
Konia krowy i psa w budzie
A przyszło mu na ostatek
Od bania zapłacić podatek.

Lepiej
Wiele ludzi ma lepiej ode mnie
Przekonałem się niejednokrotnie

Bo oni to nawet do snu
Układają się odwrotnie.

Zobaczcie
Jeleń zastąpił mu drogę
Zażądał okazania paszportu
Kierowca nie wykonał polecenia
Musi udać się do kortu.

Dobrze będzie
Ktoś powiedział będzie dobrze
Podatki zmaleją aż do minusa
Ale musimy się cofnąć
Aż do epoki boga Zeusa.

Przecinka
Miała być w lesie przecinka
Ekolodzy protestują
Gorzej jeszcze bo gajowy
Wyrwał wszystkie włosy z głowy.

Nie w tą stronę
Niekoniecznie pomylony
Uśmiechał się w różne strony
Ale to jest sprawy sedno
Powinien uśmiechać się w jedną.

Nie dają spać
Spać nie dają molestują
I to o każdej dnia porze
Łatwo się można domyśleć
W reklamach w telewizorze.

Sprawdzić
Chciał sprawdzić czy bardzo boli
Uderzył młotkiem w palec sąsiada
Przekonał się że nie warto było
W oczach się jemu aż rozjaśniło
Wypadałoby sąsiada przeprosić
Zimny kompres trzeba nosić.

Odwrotnie
Koń się do wozu zaprzągł odwrotnie
Tak to zostało postanowione
A wóz ma problem i to nie mały
W którą ma udać się teraz stronę.

Rybacy
Jeden był mądry
        Drugi mądrzejszy
                Trzeci nijaki
Fajne chłopaki jakoś to było
Ale na ryby łapali robaki
Nad brzegiem siedzieli w trójkę
A nietypowo przodem do tyłu.

Śpiewak
Głos miał twardy aż namiętny
I był niezwykle pojętny
Zaczynał śpiewać od zwrotki ostatniej
A zawsze był pierwszy w szatni.

Przytulanka
Coś takiego się działo i cóż
Zięć pożyczył na bukiecik róż
A wiadomo skąd to znamy
Przymilić się chciał do mamy
Szkoda że robił to z ukrycia
Na cmentarzu nie za życia.

Drzazga
Kiedy drzazga zajdzie za skórę
I myśli nadejdą ponure
Najlepiej jest chory paluszek
Ot tak wcisnąć w mysią dziurę.

Postnie
Zetknąć się prawdziwie z postem
To zmieszać spirytus z octem
I dodać kapkę marihuany
Efekt gotowy piątek jest z głowy.

Zarąbiście
Zachował się zarąbiście
Zaproszenie wysłał do siebie w liście
Na talerz zbiera w niedzielę
Ale znachor ma z tego niewiele
Myśli w duchu niedowierza
Ktoś zlizuje z tego talerza.

Niech widzą
Widzieli jak płakał i szlochał
A szkoda łez widać nie było
Bo na ostatniej spowiedzi
Aż trzech się o jego grzechy kłóciło.

Że
Kwasił się po cebuli
Po któryms tam nocnym wypadzie
Teraz ogon pod siebie kuli
Mowa jest o ludojadzie
Nadmienić tu jednak muszę
Nie kwasi się po spirytusie
A w górę podnosi łapy
Na widok wędzonej kiełbasy.

Ślub i welon
Najpierw ślub a później welon
Długo myślał nad tym Leon
Ale to jest tylko kawał
Bo Leon to śluby dawał.

Pocięty
Pies poliże pszczoła potnie
A jak to zabrzmi odwrotnie?

Związać się
Ktoś powiedział jak się związać
To najlepiej się ożenić
Jeden myślą nie nadąża
Do ślubu sznurem się związał
Dobrze że w porę zjawił się świadek
I go rozwiązał taki przypadek.

Szukał
Rambo w szambie szukał zbója
Zanurkował patrzy
Swój wujek z ciotką
Zrobiło mu się nie słodko.

Wiedział
Wiedział że przypalił zupę
A jak niosła dalsza wieść
Teściowa się pojawiła
Niestety musiał ją zjeść.

Powinno być
Mądry taki gdzieś się znalazł
Dwa zakręty wynalazł naraz
Zamiast stopu czaszkę trupią
I zrobiło mu się głupio.

Buta
Awansował na marszałka
Ze zwykłego czyścibuta
Duma strasznie w nim rosła
Umarł szkoda w nie swoich butach.

O dziwo
Walec przejechał człowieka
Ten wcale się tym nie zdziwił
Przeciwnie wkręcił się w imadło
I skrzywił się gdzie tylko popadło
A co najważniejsze o dziwo
Udał się do baru na piwo.

Norma
Być normalnym to jest sztuka
Nie wadzić guza nie szukać
Poradzić w wielu sytuacjach
Nawet gdy skończy się racja.

Rakieta
Rakieta nie myśli jak zdąża do celu
Zastanów się przyjacielu
Pierwszy drugi raz i trzeci
Co się stanie jak do ciebie przyleci.

Pająk
Pająk udawał że zniszczył sieci
Mucha się cieszy z tego naocznie
Jednak na krótko nie przewidziała
Że nowe sieci są niewidoczne.

Historia
Historia jest była i będzie
Ciągle przemija ściera się czasowo
Ale się może zmienić niebawem
Na atomową.

Wolę
Wolę żyć normalnością
Cieszyć się tym co mam
Utrzymać się na obrazie
Żeby nie wypaść z ram.

Usługi szewskie
Czasy jakie nadeszły
Wszelkie oczekiwania przeszły

W instytucie wymyślono buty
Ale bez podeszwy
A podpisali się pod projektem
Podobno aż wszyscy szewce
Wierzyć się nie chce.

Nasza era
Wydaje się że nasza era się kończy
Nikt nie wie co dalej nastąpi
Na pobłażliwość nie liczę
Czas nastawić się na znicze
Szkoda wszystko po rozwalać!
A kto będzie te znicze zapalać?

Chcieli do nieba
Chcieli do nieba szybko ino
Uwinęli się z drabiną
Chociaż mądrzy i przebiegli
Niestety zabrakło szczebli
Skutek? Polegli.

Zamówienie
Ktoś taki się kiedyś pogubił
Najpierw umarł a później trumnę zamówił
I mimo że zapłacił za przydział
To się biedny w tej trumnie nie widział.

Zawał
Było to siłacza kawał
Przebrnął przez sto pierwszy zawał
Żył dalej choć ponoć skwierczał
Okazało się że nie miał serca.

Kłótnia
Kłóciła się zima z latem
A w prasie to rankiem wyciekło
Lato miało pretensję do zimy
Że w zimie powinno być ciepło
A zima w odpowiedzi na to
Że zimno powinno być w lato.

Robić łaskę
Królem być to robić łaskę
Co tydzień mieć nową laskę
Nie liczyć się z poddanych bólem
Nie ma jak to być królem.

Muzyka
Muzyka to zwykły pisk
Choć dla nielicznych to zysk
A dla innych z pewnych względów
Dużo siły i popędu.

Kryć się
O kryciu się i to i owo
Wymieniono tu teściową
Przed krokodylem i komornikiem
I przed wszystkim co jest dzikie.

Dopadło
Sytuacja taka aż wzrusza
Szczupaka dopadła susza
I pomyśleć w wodzie głęboko
Aż mu uschło jedno oko.

Sobek
Poszedł Sobek na odrobek
Niekiedy i ja to robię
Ale Sobek za odrobek
To zapłacił ale sobie.

Spadł z serca
Dobrze że kamień spadł z serca
A co jakby spadła cegła
A jeszcze gorzej się stało
Piaskiem ocean zalało.

Śmiech bezcelowy
Zdarza się i to bardzo wielu
Śmiać się bez żadnego celu

Do siebie od siebie i w przód
Gorzej jak się zarwie lód.

Zamiast
Koń zamiast kopać to płakał
Wół przemówił ludzkim głosem
A najgorzej wyglądało
Jak słoń padł pod mrówki ciosem.

Nikt nie wiedział
Nie chciał tego o czym nie wiedział
Prosili go ale nie wiedzieli o co
I nie widzieli kogo prosili
A jeszcze za dnia nocą.

Motyl
Motyl ważył się na raty
Co przydarza się motylom
Pododawał wszystkie części
Wyszło około stu kilo
I skończyło się dramatem
Płacze zapylony kwiatek.

Świntuch
Kto to słyszał takie rzeczy
Dzieciak płaczu prawie bliski
Nie chciał bawić się ze słoniem
Ten mu napluł do kołyski

Brzdąc zawadził go sierpowym
Słoń ma już opiekę z głowy.

Oj tato
Dzieci nie lubią takiego taty
Przez trzy dni się gdzieś podziewał
A wypłatę zaśpiewał
Teraz zasmucony wielce
Twierdzi że ma skrwawione serce.

Akceptować
Sam siebie nie akceptował
I do siebie się zniechęcał
Z rozmysłem nieprzypadkowo
Śruby w kołach powykręcał
Nie musi tankować paliwa
Tak to czasami bywa.

Odwrotna pomyłka
Ktoś pomylił się sromotnie
Usiadł do kierownicy odwrotnie
I jeszcze przysporzył stresu
Bo zapomniał dżipiesu.

Ojejku
Coś tu nie gra w tym temacie
Wirus przybył powiadacie
Bo go świnie zaprosiły

Jeszcze drogo zapłaciły.

Naraz
Pewien uczony wynalazł
Wszystkie zakręty naraz
Ale nici wyszły z tego
Więc teraz udaje głupiego.

Wstyd
Wstydem jest na okolicę
Odejmować od sumy różnicę
A ułamki dodawać
I myśli ludzkie pospawać.

Modlący
Nie popisał się taki jeden
Przed ludem się modlący
Z niewiadomej przyczyny
Popuścił niechcący
Stała się przy tym rzecz tak niesłychana
Zapachem obciążył szatana.

Dług
Dług się stworzył bez przyczyny
Nie wiadomo z czyjej winy
A ktoś co go będzie spłacać
Musi mieć niezłego kaca.

Lichwa
Lichwa opiera się na piekle
To coś toczy się przewlekle
Wymyślił to diabeł kusy
Chcąc zadłużyć nas po uszy.

Sen nijaki
Staremu się przyśniła młoda
Ogarnęło go uczucie
We śnie podskoczył wysoko
I dostał od babci pod oko.

Zdjęcie
Ktoś sam siebie się posłuchał
Flaki z brzucha powyrzucał
Bo chciał wykonać zdjęcie
To wygląda na przegięcie.

Robotny
Kiedy dla kogo i za co?
Robota się mija z pracą
Do roboty to się chodzi
A za pracę dobrze płacą.

Wymiana
Uchwalono w komitecie

I to na calutkim świecie
Traktat został podpisany
Wszystkie mózgi do wymiany
Ale tylko tak zakładają
Bo nie wszyscy mózgi mają.

Słuchy
Z daleka doszły nas słuchy
Ponoć szatan stał się głuchy
Stracił w głowie wszystkie klepki
I przestał robić zaczepki.

Zakaz
Zakaz płaczu na pogrzebie
Bo to na nieżywego wpływa
A zrobiono to dlatego
By nie wkurzać umarłego.

Wolno
Umarłemu wszystko wolno
Spierać głośno palić głupa
Może nawet nie mieć kaca
Choć zalany leży w trupa.

Przeciwko
Zrobił sobie przykrość wielką
Sam ze sobą się pobił w lusterku
Położył się na dywanie

I czeka na odszkodowanie.

Opierał się
Opierał się i nie chciał jeść
A na dobre to nie wróży
Ciągle boi się pioruna
Nawet kiedy nie ma burzy.

Sprzeczka
O co poszło nie wiadomo
Pioruny się posprzeczały
A skończyły się wystrzały
Jak w barku zabrakło gorzały.

FUPL
Fizyczny jest do roboty
A umysłowy do pracy
Polityczny do pieprzenia
A leniwy do leżenia.

Pogięło
Życie jest walką o dzieło
Nie wiemy jak się zaczęło
A i dokąd kiedyś przejdzie
Aż po kościach się rozejdzie.

Średniowiecze
W średniowieczu było fajnie
Człowiek kąpał się w pustej wannie
Bo woda szkodziła na skórę
I rujnowała kulturę.

Służba
W policji służą osioły
Co nie ukończyli szkoły
Co drugi to zgubił tornister
A naczelny to magister.

Sprowadzili
Sprowadzili wielkie działa
A to chyba umówione
Lufy były pozaginane
Do tego nie powiercone.

Ujarzmić
Chciał ujarzmić młodą żmiję
Długo kręcił swoim ryjem
Ale żeby coś w tym zmienić
Musiał kupić jej obrączkę
I niestety się ożenić
A po ślubie stara żmija
Uwiązała go za ryja.

Przespał

Przespał stary całą wojnę
I dlatego teraz żyje
Ale mocno się zniechęcił
On płacił a pastor święcił.

Podział

Unia podzieliła kasę
Niestety nie wszystkim po równo
Ktoś otrzymał trawę suchą
Komuś się dostało ufo
Innym pozwolono marzyć
I na zimno jaja smażyć.

Wykręcić

Kiedyś można się pomylić
A na dodatek zniechęcić
Nie posiadając telefonu
Numer do kogoś wykręcić.

Zdarzyło

To co się wtedy stało
Nie powinno się wydarzyć
Cały dzień wiosłowali
Na łodzi leżącej na plaży.

Sukcesy
O sukcesach to i owo
Jeden taki się wysilił
I z dziką propozycją wyskoczył
W próżni ścieżkę rowerową wymyślił.

Rowerowo
Rowerem zmieścisz się wszędzie
Nawet na wąskiej ulicy
Tylko uwaga nie siadaj
Tyłem do kierownicy.

Wiara
Trudno tu wierzyć fanom
Mieszka na dnie oceanu
Nie dość że łowi ryby
To chodzi do lasu na grzyby.

Na dnie
Podejrzana to jest sprawka
Na dnie oceanu huśtawka
Nie na pewno tylko chyba
Stoi za tym gruba ryba.

Majowo
Cała łąka umajona
A w trawie krowa zielona

I to wnuczka pustelnika
Ugryzie i zaraz znika.

Tak wygląda
To wygląda nieciekawie
Bocian ukrył się gdzieś w trawie
Zamiast polować na żaby
To podgląda gołe baby.

Pomyłka
To pomyłka i niechlubna
Woła do nieba o pomstę
Beztrosko zwyczajny znachor
Handlował legalnie postem
Kiełbasa tak była wściekła
Że aż z patelni uciekła.

Pożarł się
To jest prawda żaden blew
Dowiedział się że posiada krew
I się pożarł z żoną rano
Bo twierdził że ma krew pozłacaną.

Zdarzyło się
Coś takiego się zdarzyło
Mądry dał się na to nabrać
Właśnie wyszedł ze szpitala

I zapomniał krew swoją zabrać.

Dawca
Honorowy dawca krwi
Oddał wszystko z wielką troską
Nie zostawił ani kropli
I z radości się utopił.

Jednocześnie
Być Matką i Ojcem jednocześnie
Myślenie przedwczesne.

Podniecony
Podniecony ojcostwem
Że mu się udało
Wracał do domu przez cały lipiec
Tak drogi zawiało.

Wybrani
Ojcowie jesteście wybrani
Wiadomo niekiedy ścigani
Czasami uchodzi wam płazem
Lecz nie za każdym razem.

Suchota
W gardle sucho niezwyczajnie

Lodówka zabita gwoździami
Wypłata nie podniesiona zgrzyty
Bo podaż przebiła popyty.

Przemieszczenia
Ludzie się przemieszczają
Daleko blisko i różnie
Ale nikt nie wpadł na pomysł
By wyprowadzić się w próżnię.

Poradzić
O co spierać się i wadzić
Ale cóż na to poradzić
Gdy kiedyś zajdzie potrzeba
Wyprowadzić się aż do nieba.

Zacząć
Powyginać się w pałąki
W lewo prawo i do przodu
Tylko wcześniej trzeba zacząć
Bo później szkoda zachodu.

Zaprowadzić
Ktoś tam jogę zaprowadził
Ale chyba już przesadził
I chciał osiągnąć wyniki
Spojrzeniem podnosić pomniki.

Ojcowie
Wszyscy ojcowie się zbiegli
Pochwalili swoje żony
Dziwne że wszyscy trzeźwi
Tylko jeden podchmielony.

Okazja
Ojciec wybrał się na ryby
Nad bardzo głęboką wodę
Z okazji swojego święta
Ale niewiele pamięta.

Został
Został ojcem trzeźwo myśli
Ma się chwalić ale czym
Dziecko owszem to jest jego
Tylko nie wiadomo z kim.

Komuś
Komuś kiedyś się przyśniło
Miało być ale nie było
Ale zdarzyło się we śnie
Wcześnie.

Kwitnie
Myśli kwitną i się budzą

Ciągle trwają z każdym wiekiem
Pies pomyślał że od jutra
Stanie się normalnym człowiekiem.

Uparł się
Gość się wkurzył na lamparta
Bo ten ukąsił go w szyję
Nagła interwencja słonia
Ktoś nie żyje.

Mowa Babci
Wielkie Święto Narodowe
Babcia wygłosiła mowę
Dziadek słuchał tak się wnerwił
Ostatnie zęby wyszczerbił.

Nieciekawie
Nieciekawie się zachował
Sam się przed sobą schował
I tak daleko zalazł
Że nigdy się nie odnalazł.

Ostre zęby
Zęby ostrzył na sąsiada
Aż zapadły mu się dziąsła
I na zawsze bezpowrotnie
Więc śmieje się teraz odwrotnie.

Niewskazane
W butach niewskazane jest spać
Jak również samego siebie się bać
Bo popaść można w kłopoty
I nie doczekać soboty.

Zemsta
Niedobry wnuczek z przypadku
Zemścił się na własnym dziadku
Nie dość że mu schował kapcie
To jeszcze podmienił babcię.

Sztuka
Być znachorem to jest sztuka
On nie musi żony słuchać
Może wracać i nad ranem
Nigdy nie ma przechlapane.

Jad
Żmija go ugryzła w szyję
I poczęstowała jadem
Chociaż go rąbnęło zdziwko
Poszedł do baru na piwko.

Pomyłka
Wygwizdali aptekarza

Że żyć mu się już nawet nie chce
Bo pomylił się sromotnie
I podał leki odwrotnie.

Wiadomości
We wiadomościach podali
Ruszyła produkcja medali
Po jednym medalu na głowę
Podpadniętym tylko połowę.

Wybór
Wybrał dobre zamiast złego
Jakby tego było mało
Poczuł się jak w siódmym niebie
Z radości narobił pod siebie.

Musowo
Jest atrakcją jakby chcieć
Musowo odwiedzić sklep
Niewskazane military
By nie palnąć sobie w łeb.

Wyluzować
Spierało się coś tam ze złotem
Zwyczajnie o kolor żółty
Ale w końcu się wydało
I coś tam wyluzowało.

Dobra robota
Odwalił roboty kawał
Mądry głupiego udawał
Obraził przypadkiem kobietę
A przewracał się z impetem.

Nazwać
Grzechem jest brzydko kogoś nazwać
A co dopiero psa pogryźć
Do urzędu nigdy kłusem
Piechotą nie pod przymusem.

Wielka sprzedaż
Nadciągnęła wielka bieda
Zeus cały Olimp sprzedał
Drabiny gitary od struny
Zostawił tylko pioruny
I może nareszcie odetchnąć
A kto podpadnie trzepnąć.

Skąpiec
Oszczędzał przez długie lata
Ale to chyba nie wypada
Kupić nową hulajnogę
Żeby przejechać sąsiada.

Spieranie
Spierała się grochówka z udkiem
Ale to jest chyba głupie
Bo to jest prawda na tyle
Że pierwsza znajdzie się w tyle.

Jednakowo
Po polsku to proszę bardzo
Po niemiecku będzie bite
Czy umrzeć to jest różnica
Czy lepiej odwalić kitę.

Zdziwienie
Zdziwienie przez okno wyjrzało
I zrobiło oczy takie
Bo butelka wódki równo
Toczyła się przed pijakiem.

Skarga
Samochodzik gumę złapał
Gorzej sąsiada ochlapał
Skarżyła się owca w ciąży
Ale barana nie zdążył.

Zamiast
Sytuacja nietypowa
Znachor bardzo tyłek zmoczył

Zamiast zwyczajnej butelki
Na scenę beczułkę zatoczył.

Opijał
Zięć opijał noworodka
W tęgą zimę a nie musiał
A mamusię to wkurzyło
Zamarzniętym będzie siusiał.

Rozmnożenie
Rozmnożyły się pisklęta
Trudno ich teraz spamiętać
Poszarpane jak konusy
Wszystko przez te pięćset plusy.

Głupio
Wojna to jest głupia sprawa
Coś jakby bezczelna wydra
Nieszczęśliwa rzeczywistość
A w skutkach powstaje nicość.

Źle
Karygodna rzecz się stała
Ludzie myśleć przestali
Nastały takie zwyczaje
Każdy na siebie nadaje.

Zachowanie
Jak można się tak zachować
Siebie samego pocałować
Może w tyłek albo w buzię
Spróbuj zrobić to łobuzie.

Przepadło
Złodziej przepadł kasa zniknęła
Stało się któż może wiedzieć
Sejf był świadkiem tego zdarzenia
Ale się boi o tym powiedzieć.

Tradycja
Umieranie jest tradycją
A poniekąd obowiązkiem
To coś jak świetlana przyszłość
Twardy orzech na zakąskę.

Tak jest
Chciałoby się jak najlepiej
A niestety jest jak jest
A jak będzie się dowiemy
Wtedy gdy już przeminiemy.

Wróżka
Wszystkiemu winna jest wróżka
I jej dziwne przepowiednie

Gość wstał lewą nogą z łóżka
Robi zeza nagle blednie
Sprawa dziwnie nietypowa
Obok na rauszu teściowa.

Pomyłka
Wilk pomylił leśne drogi
Trafił do wiejskiej zagrody
Prosto na dojenie z rana
I wydoili barana.

Na wojence
Na wojence jest huku niemało
Królowi się nawet dostało
Bo ktoś minę mu podłożył
Gdy z dzierlatką cudzołożył.

Nierówność
Wam się wydaje i nam się wydaje
Że te połowy są nierówne
Ale tego nie zaprzeczy
Że to takie same rzeczy.

Kolejny raz
W nocy zniknęło jeziorko
Po raz już kolejny który
A co na to powie dno
Ot i co.

Zdarza się
Zdarzają się dziwne akcje
Wydano taką ustawę
Jeże mają stracić kolce
Igłami upiększą wystawę
Coś takiego w takim kraju
Nie panimaju.

Dowód
Udowodnił to pod słońcem
Trzy kije mają dwa końce
Zrozumieć to i być na rzeczy
Tym trzecim oberwać przez plecy.

Dwa pojęcia
Miłość i nienawiść to dwa obłędy
Przeważają różne względy
To jak chropowatość i śliskość
Ze względu na rzeczywistość.

Zabezpieczyć
Zabezpieczyć się przed kacem
Należy nie chłeptać gorzałki
Zamknąć sejf pogłaskać kotka
Wtedy chwiejność nas nie spotka.

Nie pal
Palić nie musisz nikt ci nie każe
Wydajesz forsę na jakieś pety
A nie posłuchasz osmalisz płuca
I nowotwora złapiesz niestety.

Smog
Gdzie nie popatrzeć dymy w przestrzeni
Walka ze smogiem to udawanie
Jak dłużej to potrwa i się nie zmieni
Czarne nas czeka z tyłu wydanie.

Chciał
Chciał do katedry poszedł do baru
Kto mu pomoże na kogo liczyć
W barze to piwko ktoś zafunduje
Spróbuj od kogoś grosik pożyczyć.

Trzecia wojna
Po trzeciej wojnie nastanie pustka
Ani się napić przekąsić upiec
Co nam zostanie stąd to pytanie?
W czoła się puknąć i w końcu zgłupieć.

Polityczność
Obgadywania te niebotyczne
To przypomina pewne zawody

Żarzące węgle ze dna jeziora
Wrzucać z powrotem do suchej wody.

Po co to?
Po co ci człeku ziemia i zboże
To raczej pewne i oczywiste
Ktoś tam na górze zawór zakręcił
Listonosz przybył lecz z pustym listem.

Ktoś
Ktoś wynalazł szczeble do drabiny
Komuś innemu marzy się niebo
Nie masz ochoty może nie zechcesz
Musisz się udać za swoją potrzebą.

Zamiary
Bóg stworzył ziemię oraz człowieka
Bo miał w zamiarach czyny porządku
Człowiek się odgryzł zamiast polepszać
To od początku dolewał wrzątku.

Lanie wody
Na lanie wody nie ma lekarstwa
Spasione tyłki wina obżarstwa
Co i od czego teraz zależy?
Jaką to miarą życie pomierzyć?

Bliżej
Czas zasuwa zegarkowo
A coraz bliżej jest stówka
Wygięło plecy posiwiała główka
Wiszące cycki oraz sadło
Żeby wszystko nie opadło.

Teoria w praktyce
Dużo dziś się trąbi w mediach
O sprawiedliwości i zgodzie
Teoretycznie zaznaczę
A w praktyce jest zupełnie inaczej.

Wolna wola
Wolna wola od narodzin
Każdemu przysługuje na ziemi
Począwszy od wczesnego ranka
I do zmroku aż się ściemni.

Nerwowo
Nerwica to straszna choroba
Boli głowa nerki trzustka
Krwawi serce puchną uszy
W sumieniu powstaje pustka
Żeby z tego się wyleczyć
Trzeba wszystkiemu zaprzeczyć.

Wyjść z siebie
Opuścić duchem swoje ciało
Czy jest łatwo co się smucić
Ale jest o wiele trudniej
Z powrotem do ciała wrócić.

Zdarzenie
W ZOO wąż przestaje syczeć
Lew się wkurzył nie chce ryczeć
Słoń na supeł związał trąbę
A małpa znalazła bombę
To na terroryzm pasuje
I turystyczność rujnuje.

Awans Anioła
Awansował na Anioła Stróża
To odpowiedzialność duża
Opiekuje się w dzień staruchem
W nocy garbatą babą
Jak o tym tylko pomyśli
To robi mu się słabo
Tak psychika w nim osłabła
Trzy dni i uciekł do diabła.

Liczyć
Liczyć na niebo przed pochówkiem
Niestety na karku stówka
Wszystko może by i przeżył
Gdyby nie w banku gotówka.

Jakby
Jakby tego było mało
Głupiemu się mądrym być zachciało
A więc kupił rozum w sklepie
Raz mu gorzej a raz lepiej.

Dać
Dać od siebie ile da się
Brać dla siebie ile ma się
O byle co się nie wadzić
Tak brać żeby nie przesadzić.

Skąd.
Błąd odwrotna strona prawdy
Zdarza się bardzo często
Każdy może to coś nabyć
I nawet niechcący się zgarbić.

Macie się
Miejcie się dobrze z rana
Więc prosimy nie narzekać
Gdy na dworze grzmią pioruny
Lepiej z domu nie uciekać.

Zalanie
Wodą się zalało piekło
Zły z tego powodu się kwasi
Wpadł na wspaniały pomysł
By wodę ogniem ugasić.

Za dobre
Za dobre złem płacą często
Źle nagradzane jest męstwo
Tęsknota się nie opłaci
Bo nikt za nią nie zapłaci.

A po drodze
Niebo i ziemię dzieli powietrze
A po drodze są planety
Istniejemy już lat miliardy
A tak mało wiemy o wszechświecie niestety.

Czy?
To nie ryba to na pewno śledź
A sroka udaje wronę
Czy ten sam co odkrył lewą
Odkrył także prawą stronę?

Po co?
Po co i dlaczego istniejemy
Dla Boga rodziny powietrza

Dla otchłani wodnej czy przestrzeni
Wszystko jedno to i tak niczego nie zmieni.

Rozmyślania
Rozmyślać nad niepewnym jutrem
Nie ma sensu tak patrzeć do góry
Oczekiwać ogromnej ulewy
Gdy na niebie nie pośledzisz chmury.

Różnie
Z wolnością to bywa różnie
Jakiś czas jest a niekiedy ją wcina
Zastanowić by się trzeba głęboko
Że jej utrata to czyja jest wina?

Rzeczywistość
Rzeczywistość jest jaką ją znamy
Mija niestety i bezpowrotnie
Czy chcemy czy wyrażamy sprzeciw
Musimy jej wychodzić naprzeciw.

Co dalej?
Świat się staje nieciekawy
Zabijamy się dla zabawy
Bo nastała taka moda
Ktoś tam nad tym ubolewa
A ktoś inny to olewa.

Idziemy
Jedziemy na tym samym wozie
Oddychamy tym samym powietrzem
Dostajemy co nam przysługuje
A rozsądku to niektórym brakuje.

Nie wiemy
Nikt z nas nie wie dlaczego i po co żyje
Pracuje spożywa chleb śpi nocą
I włosy często się pocą
A co na to łysi im to wisi.

Łza
Przeciętna łza po policzku spływa
Często z radości czasem ze smutku
Proszę jednak bez przesady
Płakać czy śmiać się do skutku.

Robole
Mówi się dziś o tym tyle
Że ludzie przez całe życie pracują ciężko
Na miskę ryżu ich staje
A człowiek na to przystaje.

Sen babci
Babcia miała dziwny sen

Skomplikowany na tyle
Nie dała na wypominki ile powinna
Sama sobie jest tu winna
Rozebrana zimna bosa
Zbawienie jej przeszło koło nosa.

Nic nie pomoże
Nic takiemu nie pomoże
Bo zataił jeden grzech
Nie dowiedział się pociecha
Żeby mieć takiego pecha.

Nie kulturalnie
Trudno nazwać to kulturą
Znachor śmigał niezłą furą
I przejechał raz kobietę
Która miała niską rentę.

Kto się dziś za babcią ujmie?
Za pogrzeb zapłaci podwójnie
Bo znachorowi przyplątało stresa
I pogięło dżipiesa.

Ile trzeba?
Ile to trzeba forsy odłożyć
Żeby życiowe grzechy umorzyć
Aby przekroczyć niebiańskie progi
A co ma począć taki ubogi?

Po kryjomu
Krył to co dobre a złem się chwalił
Ogień próbował wodą zapalić
Dobiegł do mety ale od tyłu
A tak naprawdę mety nie było.

Jeden taki
Jeden był taki drugi nijaki
Ale trzeciego prawie nie widać
Na księżyc zabrał ze sobą łopatę
Może się przydać.

Kręci się
Ziemia się kręci czyli obraca
To nie jest dziwne to ciężka praca
A więc wiadomo o co tu chodzi
I nie zawodzi.

Myśli przychodzą
Myśli przychodzą o każdej porze
Proste złożone i kolorowe
Bezbarwne głupie nie do przyjęcia
Stąd te przegięcia.

Zostać
Wariatem zostać to już jest sztuka
Mota się taki i guza szuka

Niechcący ugryzł się jadowicie
I skończył życie.

Duże oczy
Duże oczy płoną u Joanny
Wypatrując w oddali szczęścia
Które przybędzie do niej i to rychło
Niespodziewanie po kryjomu cicho.

Trafił
Trafił w piekle cztery szóstki
A odebrać wygraną potrzeba
Ale przepustki nie dostanie
I wygrana na ziemi zostanie.

Dostatek
Co z tego że w chałupie dostatek
Lodówka pełna mięsa i gorzały
W tym domu od lat pięćdziesięciu
Jest jeden duch zamieszkały.

Skąd?
Przybyliśmy nie wiadomo skąd
Stwarzamy niezliczone termedie
Wybielamy się chociaż poknocimy sprawę
I to jest nieciekawe.

Towarzystwa
Towarzystwa na nijako ubrane
Głoszą często herezje
Które poniżają masowo sumienia
Pogrążają umysły i kulturę.

Zakąska
Bocian zakrztusił się ropuchą
Bo była bardzo paskudna
Miała w środku swoim jad
Aż zbielały mu nóżęta
A co dalej nie pamięta.

Wisielec
Taki jeden się pośpieszył
Przy drzewie się powiesił
Ale bez żadnego skutku
Nie udało mu się jest w smutku.

Powód
Mężulek nie wrócił do chaty
Ot po prostu bez powodu
A mężatka jest wkurzona
I jest powód do rozwodu.

Ból
Zwykłe bóle z czasem przejdą

I rozejdą się po kościach
Ale jeden ból nie minie
Widać to po gościa minie.

Moje i wasze
Wasza ziemia pole moje
Ziarno sieje ten trzeci
Zasiał w zimę a nie w lato
Co my na to?

Kto?
Ktoś kto wymyślił pożywienie
Nie przewidział tego skutku
Kto jest głodny jest mu głupio
I może umrzeć ze smutku.

Cierpki
Jak odróżnić cierpki smak
W sosie owoców brzoskwini
To skontaktować się z Tereską
Ona pomoże to uczynić.

Odzyskać
Odzyskać zaufanie u kogoś
Niestety potrzeba czasu
A od zaraz można zacząć
I kolejny raz się naciąć.

Swoboda
Zwykła codzienność i dnia początek
Przecierasz oczy buziaka zmywasz
Zadajesz przy tym często pytanie
Chciałbyś wygrywać a nie przegrywać.

Udowodnić coś
Udowodnić naukowo
Komuś że jest głupiec
To trzeba wprzódy
I samemu zgłupieć.

Dogadać
Z kogutem się nie dogadał
Więc próbował z kurą
Wyszły z tego niezłe jaja
Niezgodne z naturą.

Zaczęło się
Zaczęło się uran się wzbogaca
Szykuje się niezła gratka
Jak się nie opamiętamy
To jest koniec tego światka.

Rozmowa
Poszedł szatan na rozmowę

Bardzo wcześnie przy niedzieli
Znachora jednak nie zastał
Bo go wcześniej czarci wzięli.

Strajk
Zastrajkował pewien koń
Rolnik skorzystał ze sposobu
Koń nawet nie liznął owsa
Bo rolnik mu napluł do żłobu.

Poznali się
Poznali się na pochówku
Ona stoi prosto dumnie
Szkoda on się nie odzywa
Leży beztrosko w trumnie.

Dziwne
Czy woda się w ogniu utopi?
Ogień pali i nie gryzie
Nigdy się nie dogadają
Gdy przyjrzeć się temu bliżej.

Należy się
Konia ze złości telepie
Jest gorzej a miało być lepiej
Pług się zepsuł bezpowrotnie
A skiba się orze odwrotnie.

Nagroda
Komu przyznać nagrodę
Trzeba jeszcze wiedzieć za co
Najlepiej byłoby sobie
Gdy się jest przy samym żłobie.

Zadowolenie
Z czego być zadowolonym?
Z wygranej walki na froncie?
Z jednego grosika na koncie?
Ale czy to ma znaczenie
Najważniejsze jest istnienie.

Istnieć
Dużo jest do powiedzenia
Nikt nie zrozumie istnienia
Ani procenta czy nawet pół
Nie istniał ale coś czuł.

Dno
Weźmy takie sprawy dzikie
Braknie miejsca na logikę
Gada brednie i się puszy
Od kłamstw bieleją mu uszy.

Lud
Ci są nazywani ludem
Ale już niewiele znaczą
Ciągle coś im nie pasuje
Narzekają często płaczą
A na wszystko przytakują
Zanim zrobią już popsują.

Ryk
Krowom zabroniono ryczeć
Świnie sił nie mają kwiczeć
Nic za darmo teraz nie ma
To jest może tylko ściema.

Pamięć
Pamięci nie można kupić
Niestety za żadne pieniądze
Nawet za prawdziwe rubiny
Ani sekundy minuty godziny.

I to
I to ma być dopiero klasa
Gość wysmarkał się do pasa
Na mównicy i publicznie
Nietypowo zawistycznie.

Sklepy śmiechu
Olaboga co tu many
Śmiech na funty kilogramy
Dużo tego strach się bać
Ale z czego tu się śmiać?

Przykład
Złe przykłady się zdarzają
W każdej dziedzinie życia
Zwykła nitka odmówiła
Ważnej maszynie do szycia.

Róbcie swoje
Róbcie swoje o co chodzi
Wybierajcie kogo chcecie
Pewne jest gdy spać się nie chce
We śnie to nie zmądrzejecie.

Kredyt
Na kredyty trzeba uważać
Bo wiadomo co się święci
Najlepiej kredyt zaciągnąć za życia
A oddawać dopiero po śmierci.

Niedobre
Zaciągnęła mrówka kredyt
I postawiła na wszystko

Ale nie stać ją na spłatę
I słoń nadepnął w mrowisko.

Ostatni bój
Nagle się obudził stwór
Czarny zimny bezlitosny
Co rozwalił w mózgach wolę
Co to będzie aż się boję.

Władcy dusz
Może się tylko wydawać
Że jest prawdą lecz nie sądzę
Że miejsce dla duszy w niebie
Wykupi ktoś za pieniądze.

Szukać
Jeden taki szukał szczęścia
Całą dobę i bez przerwy
W kuchennych szafkach w każdej szparce
Nie pomyślał że jego szczęście
Ukryło się w zamrażarce
Dotknął go problem zawodu
Zamienił się w sopel lodu.

Darmo
Rozmowa krótka to jeden pech
Śmiertelny straszny i krótki
Taki jeden się pohańbił

Za darmo napił się wódki.

W tę i we wtę
Jeden krok do przodu
A dwa do tyłu
Urodził się przedtem i potem
Jakby go nigdy nie było.

Ruch oporu
Opierał się i nie chciał jeść
I to już od zarania
Udało mu się bo żyje
Ale unika popuszczania.

Odwrotność
Odwrotność śmiechu jest płaczem
Jak to można wytłumaczyć?
To jakby trochę napsocić
I samemu sobie wybaczyć.

Drzemka
Znachor zasnął w swojej budce
Trochę wstyd aż szkoda gadać
Ale to może i lepiej
Bo czarny chciał z nim pogadać.

Bez wody
Rybie bez wody jest nijako
To jest prawda właśnie taka
Nie ma już ochoty na nic
Nawet na robaka.

Kłótnia
Koń się kiedyś spierał z pługiem
Chodziło o skiby za długie
Gospodarz uderzył w pług
Aż konia zwaliło z nóg.

Jeden taki
Jeden taki nie posłuchał
Ba spuścił powietrze z brzucha
Wykonał cesarskie cięcie
Ale chyba to przegięcie.

A jednak
Można zbiednieć do oporu
Dosięgnąć dna biedy
Ale problem jest po drodze
Nastąpi to tylko kiedy?

Kto by pomyślał
Ktoś wymyślił inwestycję
Pobudował hotel brachu

Ale nie może zrozumieć
Skąd fundamenty na dachu.

Sen
Nie każdy to może wyśnić
Ruszyły produkcje myśli
Długie średnie i krótsze
Najdrożej kosztują najgłupsze.

Gryzonie
Na czym polega gryzienie
Używa się zębów przeważnie
Kto zaś ząbków nie posiada
To wygląda niepoważnie.

Zez
Z zezem można sobie poradzić
Nie ma tu się czego wstydzić
A czasami się opłaci
Widzieć coś i się nie brzydzić.

Los
Kujemy swój własny los
Codziennie na gorąco bez młota
Dniem i nocą tak się dzieje
Nieprzerwanie trwa robota.

Faryzeusze
Faryzeusze biblijni
Ciągle się odnawiają
Są chciwi i małoduszni
I na uczuciach grają.

Nerwy
Jednego tak nerwy poniosły
Pech chciał że po Świętym Jakubie
Zapomniał że umarł we święta
A powinien przynajmniej po ślubie.

Zdarzyło się
Żeby się czymś takim chwalić
Pan znachor tak się napalił
Z góry tak ogniem zionęło
Że się aż pół pokoju zajęło.

Pomysły
Kto miewa tak brzydkie pomysły
Wyrzucili kolesia z litości
Nie dali mu długopisu
Stracił pole do radości.

Zakochać się
Zakochać się to nie sztuka
Problem jest tylko w kim

I nie robić tego nagle
Najlepiej przez available.

Robił swoje
Co jest jego to nie moje
A co nasze to jest czyje
Prawdą jest że okulista
Przed badaniem oczy myje.

Bracia i siostry
Bracia i siostry tak się wyrażam
Racja to była nie byle jaka
Żył w celibacie spłodził chłopaka
Lecz go się wyparł nie lada zuch
Ponoć to zdziałał znachora duch.

Nie znalazł
Szukał tego czego nie było
Tak bardzo w temacie zalazł
W końcu coś w nim przemówiło
To czego nie było znalazł.

Uwaga
Ze złotem trzeba ostrożnie
Od blasku można wzrok stracić
Najlepiej złoto oglądać w nocy
To zdziwienie nie podskoczy.

Ona rzecze
    Bój się Boga ona rzecze
To się zawsze może przydać
On jej odrzekł bez wahania
    Kogo bać się gdy go nie widać?

Poprztykać
Pokłóciła się wiosna z latem
I jak zwykle o pogodę
Podsłuchało słońce jeszcze
Wieje wiatrem leje deszczem.

Niejasności
Na pewno powinno się powieść
Ale wprzódy trzeba dowieść
Na co ci te powodzenie
Trzeba zadbać o sumienie.

Bez i bez
Bez wody nastąpi koniec
Wiadomość to nic jest najlepsza
Jeszcze większe tarapaty
Gdy w płucach zabraknie powietrza.

Scena
Na scenie jak zwykle jelenie

Czasami trafi się sarna
A w roli sprzątaczki kaczka
Ale co tam robi spluwaczka?

Poszedł
Poszedł w ogień za rodziną
Spalił się lecz wyszedł cało
Ale jak to zrobił w wodę
Utopił się przez niewygodę.

Dziwne
Bardzo dziwna to jest sprawa
Na betonie urosła trawa
I gotowe kwiatów wieńce
A na obrazie rumieńce.

Szeryf
Szeryf dostał cztery strzały
Ale się na nogach trzyma
Widać twarz wygiętą bólem
Dobrze że to śnieżne kule.

Wadliwy
Wadliwy system to taki
Gdzie ktoś nie ma nic do gadki
Musi tyrać i płacić podatki
Stąd tak dużo pretensji i cienia
A wynika to z braku doświadczenia.

Ruch
Ruszać się to ciężka praca
Trzeba ciągle się wyginać
Ale przy tym się oglądać
Bo mogą przypadkiem wydymać.

Kiedyś
Kiedyś się wkurzyły liście
Miały rację oczywiście
Nie będą za darmo wisiały
Więc spadły i powiędniały.

Krytyka
Ruszyła fala krytyki
Tak ważną tu sprawę poruszę
Od dzisiaj zapłacisz podatek
Za to że posiadasz duszę
A jak to ukryjesz
Ogłoszą że już nie żyjesz.

Marzenia
Czy można zamówić marzenia
Wesołe dla siebie zdarzenia
A od czego to wszystko zależy?
To się spełni lecz gdy to uwierzysz.

Wyzwolenie
Nastąpiło wyzwolenie
Nie musisz się krzątać i patrzeć
I niczego się nie wstydzisz
Bo na oczy już nie widzisz.

Kara
A przysłowie głosi stare
Starzenie to jest za karę
Mimo bogactwa i podziwu
Bez żadnego na to wpływu.

Fantastyka
Skąd się bierze fantastyka
Zwana inaczej utopią
Jeden cwaniaczek na tratwie
A pozostali się topią.

Kurcze blade
Jak powstaje kurcze blade?
I to na rozgrzanym grillu
A towarzystwo jest tak zdziwione
Ktoś przypadkiem się pomylił
Gaz zapalił w odwrotną stronę.

Rodowód
W rodowodzie napisano

Że urodził się baranem
Gdzieś na Przylądku Nadziei
Na manowcach w zaroślach
Chyba płeć się tu nie zgadza
Bo nazwisko brzmi Antek Owca.

Było dobrze
Było ciepło do niedzieli
Ci z urzędu przylecieli
I zwinęli całe lato
Co wy na to?

Deszcz
Żeby zapobiec powodziom
Od dzisiaj postanowione
Deszcz ma zmieniony kierunek
Ma padać w odwrotną stronę.

Weźcie
W garść się weźcie co niektórzy
Pomyślcie choć jeden raz nieomylnie
Bo to co nieraz ustalacie
Wygląda dosłownie niesłownie.

Kryzys
Kryzys dotrze już niedługo
Na pewno wszystko zdrożeje
Dla biednych kolejna prztyczka

Chudszy tyłek od nocniczka.

Wstęp
Ile kosztuje bilet do nieba?
Dowiesz się gdy przyjdzie pora
Ale może być i drożej
Gdy skorzystasz z usług znachora.

Ryk
Ryk to jest odmiana krzyku
Krótko mówiąc głośne darcie
Żeby krzyk zminimalizować
A zrobić to w oka mgnienie
Krótko ograniczyć jedzenie.

Warto żyć
A ogólnie jest fajowo
Trzeba żyć chociaż jest trudno
Grunt to na nic nie narzekać
Jak nie gonią nie uciekać.

Syty
Syty i głodny jest mezaliansem
Ten pierwszy ma większe szanse
A musi się przy tym wyróżniać
Dłużej musi się wypróżniać.

Solarium
Weszła ryba do solarium
Myślała że to akwarium
Wyszła cała opalona
Ale czy zadowolona?

Luzem
Dokąd idziesz czasem nie wiesz
W prawą czy też lewą bramę
Uwaga tylko na wodzie
Może być przerąbane.

Koniec
Los lubi często figle płatać
Komuś zachciało się latać
Taką energię wyzwolił
Że na chmurę się wgramolił
Lecz ciążenia nie przewidział
I nikt go już więcej nie widział.

Zemsta
Zemsta zemście jest nierówna
A to może być nieszczęściem
Dlatego też proponuję
Uśmiechać się częściej i gęściej.

Odwaga
Do odważnych świat należy
A na czym to tak naprawdę polega
Ktoś odważny się mota w kosmosie
A wszyscy mają go w nosie.

Widok
Widok nie jest taki miły
Taki jeden wypruwa żyły
I krew własną oddaje ofiarną
Luzem i całkowicie za darmo.

Zamówienie
Całej prawdy może ćwierć
Zamówił dla siebie śmierć
Ale zmiana zaszła właśnie
Śmierć go nie chce bo brzydko pachnie.

Wkurzyć się
Wkurzył się portfel na pustki w środku
Wszystkie zielone poszły się wietrzyć
Kogoś by trzeba za to ukarać
Zasadzić kopa mocno zakleszczyć.

Plan
Pewien pan sporządził plan
Chciał być całe życie panem

Ale umarł w jednym bucie
Bo przedawkował w walucie.

Zabronić
Pewien uczony młody
Wymyślił odwrotne schody
Do góry i jednocześnie do dołu
I było mu bardzo wesoło.

Nam i wam
Nam się śniło to co wam
A wam to co nam się śniło
Ale co się śniło im
Chwalić by się tylko czym?

Być gotowym
Być gotowym na coś czy wypada
To trzeba się często spowiadać
I straszyć się piekłem i błotem
I czekać co będzie potem.

Tacy
Taki Szymon i ten drugi
Założyli w banku długi
Ale popełnili błąd
Bo za krótki mieli lont.

Przedtem i potem
Zanim strzelił sobie w czapę
Kombinował z nabojami
I pomylił się sromotnie
Bo zastrzelił się odwrotnie.

Z powrotem
Umarły obudził się w czyśćcu
Po raz tysiączny który
Jak ujrzał rachunek za gaz
To był jego ostatni raz.

Śmieszność
Śmiesznym się trzeba urodzić
A co poradzić na smutek?
To się najpierw nabzdryngolić
A później się udać na wódkę.

Igrać
Zeus z piorunami igrał
Ale w końcu się doigrał
Pomylił trotyl z atomem
A dalej już wszystko wiadome.

Rysownik
Narysował gołe klacze
A pomysły miał szalone

Kopytem go koń poczęstował
Nie malował a żałował.

Liczył na coś
Taki jeden z czasem się spierał
Liczył że nie będzie stary
Zamontował w mózgu struny
Pojedyncze bez gitary.

Renta
Do renty trzeba dorosnąć
Niechybnie się musisz podstarzyć
Na widok pierwszej wypłaty
Może człowieka porazić.

Stop
Koń uderzył batem rolnika
Ten mu oddał pługiem rzucił
Słoń to widząc aż oniemiał
I na trąbę się przewrócił.

Śmieszność
Z czego śmiać się nie wypada
I nie wróży nic dobrego
Z gościa który zaniemówił
Krótko mówiąc z umarłego.

Pech

Pech to zwyczajny przypadek
Pewien pan mógł się zatrwożyć
Rzucił się na głęboką wodę
By rybie haczyk założyć.

Za wszelką cenę

Chciał się dorobić za wszelką cenę
Zaczął handlować z szatanem dusznie
Jak się dorobił zamieszkał w piekle
Wynagrodzony został niesłusznie.

Przymiarka

Słoń się oświadczył przydrożnej małpie
Kupił pierścionek zaręczynowy
Zamiast na palec włożył na szyję
Wybrał za mały małpa nie żyje.

To do czego

Do czego to jest podobne
Grube zamienił teraz na drobne
Drobne przewiercił by nikt nie ukradł
Teraz się cieszy i stroi głupa.

Oglądacz

Wilk za owcą się uganiał
Że aż na nogach się słaniał

Tak ów wilk zakończył pogoń
Że mu baran odgryzł ogon.

Widno
Czego bać się kiedy widno?
A nastąpi sprawa nagła
Trzeba wtedy często kucać
Żeby w konia zrobić słonia.

Lato w zimie
Lato w zimie zima w lato
Kogoś się trzymały żarty
Wygrał grubo dwa miliony
Wtedy połknął wszystkie karty
A zostawił tylko asa
I rozebrał się od pasa.

Koniec
Dwa początki i dwa końce
Obydwa z tej samej strony
Najpierw strzelił sobie w głowę
A później był bardzo zdziwiony.

Rum
Osioł przedawkował z rumem
I zakopał się po uszy
Do akcji ruszyły mrówki
Godzina i nie ma krówki.

Ziemia
Ziemia stanęła na chwilę
Żeby rozprostować kości
Księżyc tak mocno się zdziwił
Że aż buziaka wykrzywił.

Sok
Taki jeden użył soku
Malinowy mu się trafił
Tak go mocno pokręciło
Że ledwie do domu trafił.

Ciężko
Gość w spódnicy stracił pracę
I podpadł niektórym sromotnie
Nie dość że nie patrzył w górę
To się przeżegnał odwrotnie.

Ideał
Odbiega od ideału
Dużo kuca i się słania
Udaje że jest uczony
A nie ma nic do gadania.

Teatr
Jak można to nazwać teatrem?
Ani jednego aktora
Za kurtyną śpi sprzątaczka
A bilety wyprzedane
Ktoś ma tutaj przerąbane.

Kawa
Ale narobili szkody
Podali kawę bez wody
I jeszcze placek z musztardy
A na dodatek petardy.

Kryzys
Babcia wywołała kryzys
Dziadek twierdzi że to wyzysk
Ale to sprawy nie zmienia
Jest podatek od posądzenia.

Od roboty
Nadeszły niemałe kłopoty
Skończyły się wszystkie roboty
I na ziemi i na dachach
Ostała się jeno flacha.

Gwizd
Co za dużo to niezdrowo

Taki jeden się zabawił
I zagwizdał na pogrzebie
Żałując że nie u siebie.

Bzyk
Czy bzykanie to pożytek
Kogo by o to zapytać?
Pszczołę czy zwykłego trzmiela
Ale taki nie poczeka
Ino gdzieś w krzaki ucieka.

Dinozaury
Dinozaury wyginęły
Bo kometa walnęła w ziemię
Jak się człowiek nie obudzi
Taki sam los spotka ludzi.

Pokonać
Pokonać ciążenie własne
To założyć buty ciasne
I skoczyć z wody do mostu
Niezależnie od siły i wzrostu.

Zapadł
Konia kiedyś zmorzył sen
Zmęczył się i strasznie zmógł
Tak go głowa rozbolała
I niechcący zeżarł pług

A dotkliwie pobił się batem
Komuś zależało na tym.

Mucha
Mucha wpadła w pajęczynę
Pająk miał niezłe zachwyty
Ale nawet jej nie dotknął
Tak okropnie był napity
To jest prawda i nie żart
A do tego skręcił kark.

Strzelba
Strzelba robi dużo huku
Można stracić słuch i wzrok
Kto chce się o tym przekonać
Proszę strzelić sobie w krok.

List
Wysłał list sto lat temu
Odpowiedzi nie otrzymał
Listonosz coś tam pokręcił
I w odwrotną stronę skręcił.

Wiatr
Wiatr się podział gdzie go szukać?
Pogoda się bardzo wściekła
Szkoda nawet o tym gadać
Deszcz zrobił się czerwony ze złości

Nie wie w którą stronę padać
A piorun w kącie się zaszył
Za darmo nie będzie straszył.

Zamiast
Zamiast strzelby dzierżył wędkę
Udawał że idzie na ryby
Zające zrobiły swoje
Ze strzelby zniknęły naboje.

Pomyłka
O pomyłkę to jest łatwo
Można spotkać się z czymś takim
Kierowca podobno trzeźwy
A auto śmiga zygzakiem
Gorzałka wlana w bak omyłkowo
Wygląda to przebojowo.

Wkurzył się
Tyle grozy i sodomy
Wiatr się wkurzył porwał domy
I to nad samiutkim ranem
Jeszcze nie pobudowane
Ale dobrze ubezpieczone
Takie to czasy szalone.

Gdzie?
Gdzie jest bliżej do nieba czy piekła?

Kto o tym wie niech się pochwali
Taki jeden wie na pewno
Bo go wczoraj pochowali.

Dane nam
Dane nam życie szanować trzeba
Złe od dobrego umieć odróżniać
Pracować śpiewać i odpoczywać
Lecz za potrzebą nigdy nie spóźniać
Bo można przy tym nerwicę nabyć
W dużym pośpiechu na schodach zabić.

Niesłusznie
Baca niesłusznie ochrzanił owcę
Baran ze stadem uszedł w nieznane
Teraz nie chodzi o same owce
Ale u żony ma przerąbane.

Wyrzeczenie
Ryby się kiedyś wyrzekły wody
Zamiast robaków będą jeść grzyby
Mieszkały sobie w lesie beztrosko
Teraz pływają ale na niby.

Pilne
Nowość nastała na internetowej stronie
Teraz listy roznoszą konie
Ale przy tym to zaznaczę

Męskiego rodzaju nie klacze.

Szekspir
Szekspir nie pił alkoholu
Nigdy nie pracował w polu
Pisał dramaty z uwagą
I odznaczył się odwagą
Nigdy nie ukazywał się nago
Miewał wycieki do prasy
I nie narzekał na czasy.

Wypchał się
Co lubię nie wiem
Co nie chcę a muszę
Po wódce zawsze drażnił się z panem
W końcu pomyślał wszystko mu jedno
Konik beztrosko wypchał się sianem.

Na dobre
Umarł na dobre już się nie brzydzi
Nic go nie boli i jeść nie musi
Ale ma problem bo był pijakiem
Jeszcze go suszy.

Nie chorować
Kto wymyślił chorowanie
Ten powinien dostać lanie
Musowe klęczenie na grochu

A nawet wtrącenie do lochu.

Starość
Staremu przyśniła się młodość
I nad ranem bardzo wcześnie
Zalecanie wyszło bokiem
A jeszcze siniaki pod okiem.

Przepraszał
Przepraszał wszystko po drodze
Ludzi i nawet zwierzęta
Wrócił do domu po północy
O której już nie pamięta
Szkoda trafił na teściową
I ma kłopoty z mową.

Pomyłka
Zegar kiedyś się pomylił
I to ze szkodą sromotnie
Wskazówki zamiast w prawo
Ruszyły w lewo odwrotnie
A co godziny na to?
Dobrze że było to w lato.

Pomsta
Z prasy wiadomość wyciekła
Ktoś woła o pomstę do piekła
Ale powinien do nieba

Czy była taka potrzeba?

Trudno
Trudno jest żyć w takim kraju
Gdzie inni nas w tyłku mają
A budżet po cichu składają
I jeszcze głupoty gadają
Jak więc swój byt polepszyć
To może im w głowach przewietrzyć.

Kura
Kura zniosła jajko nie swoje
Wkurza się i indyczy
To chyba normalna sprawa
Na większy zasiłek liczy.

Tryby
Komu tak bardzo zależy na tym
Aby koła były zębate?
I jeszcze do tego okrągłe
Czy to wydaje się mądre?
A dla sprawdzenia na niby
Włożyć paluszek w tryby.

Świnia
Świnia to zwierzę niechlujne
I na dodatek się ślini
Jak temu się dokładniej przyjrzeć

Człowieka porównać do świni
I nie zapomnieć o jednym
Że człowiek zdarzyć się może
Jest do tego jeszcze wrednym.

Za daleko
W sinej dali ciemne plamy
Zawiedzione czarownice
Palone na stosach dziewice grzeszne
Nie wygląda to zbyt pięknie
A to przez skazy na glacy
I to ma być cacy cacy.

Wywód
Katolik wywodzi się od kata
Komuś to wszystko lata
A jeż pochodzi od igły
Czy kolce to też są widły?

Czy?
Czy mądry może być jeszcze mądrzejszy?
A piękny jeszcze piękniejszy?
Czy wieczność się spełni kiedyś?
Jak tak to wykaraskamy się z biedy.

Szukać szczęścia
Szczęście jest ale czy duże
W powietrzu wodzie i chmurze
A czy szczęśliwy to jest ten

Co śni w nocy a nie w dzień.

Wytłumaczyć
Kometa rąbnęła w nasz glob
Dinozaury poszły się bujać
Nastały ssaki i bieda
To się wytłumaczyć nie da.

Palenie
Małpa rzuciła palenie
Łazi wkurzona i struta
Zemściła na swoim panu
Napaskudziła do buta
A ma się czym teraz pochwalić
Bo pan jej zaczął palić.

Wszystko jedno
Raz się jeden tak opowiadał
I wszystko co dobre wygadał
Aż na buzi ma wypieki
Bo zataił wszystkie złe czyny
I te ciężkie i te słabe
A przeprosić musi babcię
Oraz zwiększyć alimenty
O jeszcze większe procenty.

Ktoś kto
Ktoś kto nie chce dostać kopa

Nie musi posiadać tyłka
Skoro nie ma jeszcze tego
To musi chodzić do tyłu
Co tu począć jak się postarać?
Żeby było bardziej miło.

Dawne czasy
Dawne czasy były lepsze
Woda czystsza i powietrze
Sny trwalsze i kolorowe
Dla każdego bańka na głowę
Obecnie setunia na członka
I jeszcze wkurzona małżonka.

Murowali
Murowano i lano betony
Powstawały kamienice
I nie było widać biedy wtedy
Jak się nowi pojawili
To wszystko w pośpiechu zmyli.

Kłamać
Kłamstwo złem jest powiem panu
Powiedzieć o tym wypada
Czas wrócić do normalności
A życie się powoli uprości.

Pokusa

Pokusa uwiera w palce
Rusza dusznie rani czoła
Niewidzialna nieposkromiona
Kogo skusi i przydusi
Tak być musi.

Telepie

Woźnicę ze złości telepie
Koń narąbał się przy sklepie
I nie chce przyjąć mandatu
A wóz milczy w kacapoła
To już o pomstę woła.

Zygmunt

Zygmunt uwziął się na wódkę
Co tam myśli życie krótkie
Wypił cztery krople w morzu
I do wyrka się położył
Łóżko było na peronie
Jak to wytłumaczy żonie?

Gwint

Kto wymyślił taki gwint?
Coś podobnego do pisma
Ot pisemny zwykły print
I butelka z tego wyszła
A w butelce po kropelce.

Słuchy
Doszły nas ciekawe słuchy
Wymyślono odwrotne lufy
Że się można nie domyślić
Siebie samego zastrzelić
A nabojom wszystko jedno
Te nie bledną.

Strach
Zapanował wielki strach
Zatlił się na chacie dach
I to od odwrotnej strony
A ogień był cały zielony.

Zostańcie
Zostańcie ludzie na waszej planecie
Rozmnażajcie się i dbajcie o linię
A co ma nastąpić nie wiecie
Przypłynie w którejś godzinie.

Kolorowa
Kolorowa wódka szkodzi
Może wprowadzić w maliny
Boli głowa i wątroba
Nawet przez długie godziny
Można szybciej po niej polec
I na kolorowo stolec.

Luz
Luz to mus i wahadełko
Iskrowanie i uchyby
Luźne myśli się opłacą
Przeważnie na dużym kacu.

Weteran
A żeby to złe nadali
Żeby się takim czymś chwalić
Że walczył na każdym froncie
A on liczył naboje w kącie.

Przenosić
Myślami się można przenosić
Na najdalsze krańce ziemi
W praktyce na wodzie pośliznąć
I zabić nie zdążyć gwizdnąć.

Kazali
Kazali mu się nawrócić
Bo grzechy miał ponoć niemałe
Tak się nakazem przejął
Zwyczajnie zalał pałę.

Pogoń
Pogonić za czymś co zadowoli

Muszę używać kontroli
Samego siebie za cugle trzymać
By się przy tym nie wyżymać.

Skórka
O moich ptaszkach w budce pokrótce
Komu skórka chleba przypadnie
Trafiła się sprytna wiewiórka
I jej przypadła skórka.

Zabawa w piekle
Tańczące ogniki gorąco piekielnie
Czarne diabełki śmiejące się bezczelnie
I krnąbrne dusze się wędzą
I tyłki ich nie swędzą.

Dziwny starzec
Zestarzał się dziadzio w odwrotną stronę
A zrobił się teraz śmiały
Kto by pomyślał że nie używał
A procenty go rozebrały
Zamiast się przewracać i słaniać
On zaczął babcię ganiać.

Atom
Jak spokojne spojrzeć na to
Po co stworzono ten atom?
Żeby straszyć się wzajemnie

I wyludnić matkę ziemię.

Rajski ogród
Proszę zauważyć powód
Podpaść przez jabłko na jabłoni złote
Urlop bezpłatny po wszystkie czasy
A po urlopie bajpasy.

Coś takiego
Coś takiego proszę ciebie
Ktoś chciał sprzedać gwiazdy na niebie
I Bogu winnego Saturna
Niezły to numer transakcja wtórna.

Zakręty
Jak powstawały zakręty
Ostre łukowate głupie
Ktoś był w zmowie z ubezpieczeniem
A wypadki miał na kupie.

Co będzie
Co się stanie gdy się chybnie ziemia?
Już od rana zacznie się ściemniać
A dzień się kończy nad ranem
Kto będzie miał przechlapane?
Koleś rolnik czy wójt na urlopie
Czy żołnierz na wojnie w okopie?

Biadole
Skąd biorą się zwyczajni biadole?
Po uniwersytetach akademiach
Co głoszą zwyczajne herezje
A tacy nawet nieźle się mają
Bo nie za mądrzy od nich
Ich za pieniądze słuchają.

Temat
To bardzo przykry temat
Sam o siebie się nie martw
Co potem się stanie nie odgadniesz
A co najwyżej przepadniesz.

Pan
Pan karę sobie wymierzył
Zrozumiał i w pierś się uderzył
Przeprosił że ukradł miliony
Od teraz się czuje zbawiony
A oni to przeżywają
Żałować już siły nie mają.

Bokser
Być bokserem to jest sukces
Lecz nie warto się tym chwalić
Nie wszystkiemu można sprostać
Trafią i się kurczy postać.

Rodzinnie
Rodzinnie to znaczy jak?
Poważnie beztrosko rozumnie
To przyjrzeć się i zaczekać
Niech każdy pokaże co umie.

Najbardziej
Co jest najbardziej ciekawe
Pingwin przegapił sprawę
Bo zaczepił wieloryba
Nie opłaci mu to się chyba.

Gaz
Gazu nie widać i nie słychać teraz
Wlezie piorun trzeba umierać
W sądzie nie wygrasz za żadnym razem
Takiemu ujdzie niestety płazem.

Odważni
Do odważnych należy świat
Ale w błędzie są tak twierdzący
Spróbuj wejść na ostatni szczebel drabiny
I przestań się trzymać niechcący.

Za wiele
Za wiele od siebie wymagał

Wszystkiemu winna jest waga
Bo bardzo słabiutka była
Spadł bo tusza się nie zmieściła.

Front
Na froncie walczą dniem i nocą
Nie wiedzą po co i dlaczego
Czoła i ręce się pocą
Przelewają krew własną tak drogą
W imię czego wysługują się że tak mówię
Dopóki komuś głowy nie urwie.

Teoria
Teoria jest formą bajki
To jak dym z palącej fajki
Mocna prawdziwa ruska
Napalisz się nie wstaniesz z łóżka.

Malarz
Malarz bez pędzla nic nie jest warty
Nie namaluje choć jest uparty
Choćby się nawet farbą zachłysnął
I prawdziwie talentem zabłysnął.

Na nic
Na nic modły starość idzie
Mgiełka w starczych oczach błyska
Starzec mocno podjarany

Zdjęcie pani w ręku ściska
Modli się o siłę zdrowie
Poplątało mu się w mowie
Nie dotarło pogotowie
Ciemno zima dziadka nima.

Targ
O sznur targował się długo
Kupił tanio i bardzo się cieszył
Był bardzo zadowolony
Że się później prawie za darmo powiesił.

Zróbcie coś
Zróbcie coś jest jedenasta
Only dycha jest w koszyku
To yard sale i sobota
Niechciana darmowa robota.

Yard sale
Yard sale jest teraz niemodne
Dni pochmurne noce chłodne
Utargować dziesięć centy
Do niskiej miesięcznej renty.

Udawać
Jak udawać to milionera
Wtedy wszyscy ci czapkują
Ciekawe jak się zachować

Gdy strzelają i nie spudłują.

Szumy
Szumią wierzby i topole
Mimo że nie ma wiatru
Deszcz nie jest mokry i suchy
Skąd się wzięły karaluchy?

Lato
Latoś lato było skwarne
Niejeden oparzył pośladki
Ktoś tam spotkał wieloryba
Może chyba.

Twardziel
Jest twardzielem i nie pęka
Narzeka tylko w ukryciu
Ale sprawy to nie zmienia
Boi się własnego cienia.

Idź
Idź gdzie zechcesz
Z rana i co dzień
Uwaga po drodze jest ukrop
W ogniu się tylko nie utop.

Dumał
Uważaj nie daj się zrobić w konia
Nie nadstawiaj policzka niepotrzebnie
Oddaj jak mocno zaboli
To miłość w uderzeniu wyzwolisz.

Tęsknota
Tak dużo się teraz dzieje
Codziennie robota i robota
Zapodziały się marzenia
Ostała się jeno tęsknota.

Kogo
Kogo ugryźć i jak mocno
Żeby krew pociekła ciurkiem
Kot zapomniał jak mysz wygląda
I wcisnął się w kocią dziurkę.

Debil
Debil jest furiata formą
Macha ręką niepotrzebnie
Lewą i prawą na zmiany
I jest niedoceniany.

Weźmy
Weźmy pod uwagę konia
Mieszka gdzieś tam w lichej szopie

Nie mówi nie czyta nie śpiewa
A jak trzeba to dokopie.

Co będzie
Dalej co będzie to będzie
Kiedyś wracał po zebraniu
I trochę go chybotało
Niestety taką ma pracę
A szkoda że zgubił kasę.

Mistrz
Na mnie liczyć mogę sam
Sobie prawdę tylko mówię
Pokutuje czasem przewlekle
A walczę o siebie zaciekle.

Komu
Komu najbardziej zależy
Starszym dorosłym młodzieży
Na czymś o czym może nie wiedzą
Nie muszą a jednak bredzą.

Raz
Na gazie był nie jeden raz
Kolorami się często zachwycał
Na czerwonym przeszedł przez pas
Szkoda że ostatni raz.

Towarzystwo
Bawili się i ucztowali
Popierając nowe rządy
Szkoda jeden się pomylił
I usmażył własne narządy

Lub
Lub mnie proszę się wyraża
Nowa żona już po ślubie
Nieokrzesany nowy mężulek
Łypie tylko w nosie dłubie.

Antychryst
Antychryst to zaprzeczenie anioła
Zły wredny i ma protekcję
Zdolny do najgorszych czynów
Dziwne skąd on ma koncesję?

Luzem
Luzem umrzeć żadna sztuka
Prawdziwie nie teoretycznie
Zwyczajne trzy długie oddechy
Głębokie prawdziwe patriotyczne.

Problemy
Krótko powiem o problemach

Zdarzają się bardzo często
Są wpisane w wydarzenia
Od początku naszego istnienia.

Wół
Wół to byk i krowy pół
Istniał równolegle z koniem
Gdy krowa nabyła cycki
Pojawił się ser tylżycki
A to sprawę całkiem zmienia
Stąd ochota do dojenia.

Rozwalą
Ci co się czymś tak chwalą
Oni świat kiedyś rozwalą
Zastaną popioły ino
Puste konwie i rozlane wino.

Straszyć
Ktoś kto wymyślił Lucyfera
Ten to był cwany bajerant
Musiał coś pod skórę zaszyć
Żeby móc czymś takim straszyć.

Od myślenia
Od myślenia głowa boli
Skończyć to się może burzą
Nawet myślący na luźno ubrani

Jednogłośnie sobie służą
A dlaczego ja tak sądzę
Bo w grę wchodzą duże pieniądze.

Woleć
Jedni na drapane liczą
Chcą zamieszkać na księżycu
Zwyczajnie i nie z przymusu
Ponieważ tam nie ma luksusu.

Wyprzeć
Żyletki wypchały brzytwy
Golenie jest teraz łatwiejsze
Marycha wypycha kawę
To staje się bardziej ciekawe.

Wymysł
Prawo coraz koszmarniejsze
A problemy coraz większe
Wymyślili więc przepisy
Głuchy bardzo dobrze słyszy
Niewidomy widzi wszystko
A może tylko udaje
A to wszystko nie jest prezentem
Źli zabrali całą rentę.

Dymnie
W pewnej knajpie powstał dym

Upić by się a nie ma czym
Wycofano wódę z półki
I złożono na jaskółki
Dali pole do popisu
Ci ze zwisu.

Uśmiał
Nawet koń się z tego zaśmiał
Obradowali trzy długie noce
W rezultacie wymyślili
Trzy przeciwlotnicze proce
Coś w rodzaju spec strzelawki
Pies podsłuchał dostał czkawki.

B
Złe domy powstały znienacka
Za przyczyną zwykłego Wacka
Zakładane na usługi
Oznajmiły to papugi
A kto teraz wstęgę przetnie
Nieletnie.

Ratunku
Duszo radzę ci nie żartuj
Ty się na diabła zahartuj
Zamknij na skobel chałupę
Złemu pokaż w oknie tył
Ten wtedy dostanie czkawki
I spadnie na głowę z huśtawki.

Grymas premiera
Grymasił że w piekle gorąco
Że musi to coś na stojąco
A w cywilu był szoferem
Wyszedł niestety na głupka
A to nie jest teraz miłe
Do tego spalony tyłek.

Skala
Na durnotę nie ma rady
Ani skali miary i skali Richtera
Komuś często wyjątkowo
Takich świństw gdzieś się nazbiera
Nie liczy się z nikim i czasem
Tymczasem.

Pięta
Pięta w nodze jest zbyteczna
Czasami aż niebezpieczna
Taki jeden nie zaprzestał
I bez przerwy jest zdziwiony
Z której by nie spojrzeć strony
Z pięty jest niezadowolony.

Nie powstaną
Nie powstaną do apelu
Żaden z nich tu nie przyleci
Wszystko będzie zamiecione

Po odbytej wojnie trzeciej.
Zostaną zgliszcza i czarna mąka
I niewiadoma straszna rozłąka
Popatrzysz w górę a ujrzysz niebo
Ale nie zdążysz za swoją potrzebą.

Pośpiech
Szalonemu gdzieś się śpieszy
Nie szalonemu odwrotnie
Na swoim własnym weselu
Mąż zakochał się odwrotnie
Co na to żona zauroczona?

Prywatyzacja
Sprywatyzowali domy publiczne
Coś dla siebie zawsze urwą
Chcesz zabawić się w tym domu
To przychodzisz ze znajomą
A jak to odwrotnie będzie
Myśli taki byle jaki.

Wyspa
Na wyspie mieszkały zające
A było ich całe tysiące
I krokodyle i małpy w chlewie
I jeszcze świnie na drzewie.

Robinson

Robinson zaprosił Piętaszka
W deszczową pochmurną porę
Ale jak naprawdę było
Przeleciał koło Robinsona niemiło
Jak to głupio się skończyło.

Nie wolno

Ze świni śmiać się nie można
A jak to odwrotnie będzie
Świnia się śmieje z ciebie na pryczy
I na coś liczy.

Duma

Był bohaterem i wielkim patriotą
Kłamstwo i zdrada było mu obce
Kiedyś przemawiał wypadł z trybuny
Pełen zadumy.

Orły

Pani w domu pan na polu
W szopie orły się mizgalą
Ktoś musi zarobić a ktoś stracić
Za demolkę trzeba płacić.

Sądy

Sądy jest to ludzki wymysł

Prosty bzdurny beznadziejny
Przeciw sobie obrócony
Beznadzieją nasączony.

Zobacz
Przyjrzeć dobrze się sprawie
I wyciągnąć z tego wnioski
Broń Boże tego który
Naśladuje system zaborcy.

Powiedziano
Bój się Boga powiedziano
Ze świtem z samego rana
Ale z nastaniem wieczoru
Musisz bać się i szatana.

A kogo się w nocy nie bać?
A powinno by się spać
Ale kiedyś bać się przestać
W odosobnieniu się ze strachu przestać.

Rybak
Ryba na to się nie zgadza
Żeby rybak wodę mącił
Do tego straszył haczykiem
I robakiem skurczybykiem.

Dokąd?
Dokąd iść jak wszędzie bieda
Tylko ponurość się kryje
Nie wiadomo co jest czyje.

Złość
Jak złość daje w kość
Przekonał się pewien gość
Tak się okrutnie rozzłościł
Przez dwa tygodnie pościł.

Dość
Czasami mamy dość siebie samych
Pewne sprawy nas przerastają
Skazani na to co się ma stać
A jutra się nie trzeba bać.

Generał
Generał ordery pozbierał
Nagrody za udział w wojnie
Ale nieprawdą się zakończyło
Bo wojny tam nigdy nie było.

Szok
Jestem w szoku już pół roku
Zmieniłem częściowe opcję
Dużo już po sześćdziesiątce

Nie mam szansy co główkować
Nikt mnie nie chce adoptować.

Menda
Czy opłaca się być mendą?
Polityczną niedoróbką
Kłamać w oczy oszukiwać
Rozpijać wino z szatanem
To mieć w głowie narąbane.

Dziad
Kojarzenie ze starością
Po poniekąd nie wypada
Chyba że można wiązać to z pracą
Ktoś taki biega zwyczajnie za coś.

Zostało
Zostało to czego nie było
A czego żałować jak nie ma
Poszukać a może znajdziemy
A czego nie było się dowiemy.

Marzenia
Ktoś kto marzy ten nie grzeszy
Nie traci a zawsze korzysta
W portfelu miał dwa tysiące
Ktoś mu dołożył trzysta.

I ktoś się taki odważył
Dołożyć trzy setki więcej
Trzeba nie tylko marzyć
Ale spoglądać na ręce.

Kompromis
Na kompromisy iść trzeba
Ale ostrożnie z rozwagą
Nie dać się zrobić na szaro
Karty odkrywać z uwagą
Uważać na pewne działania
I z prawej i lewej strony
Bo placek co ci się należy
Już dawno został zjedzony.

Grymasy
Przyszły czasy na grymasy
Zbiorowe i pojedyncze
Znośne i nieznośne
Stałe i przenośne.

Sojusze
Jak zawierać sojusze
To czynić to prawdziwie z klasą
Z normalnym i kimś mądrym
I nie chować się do lasu.

Nadrzędni
Z reguły to ci nadrzędni
Rządzący i stróże prawa
Robią dziwne scenariusze
I prosto z lewa i prawa.

Trudno
Bardzo trudno się z tym zgodzić
Ciężko pracować i prawdy dochodzić
Żałować za grzechy lipne
Jakie to wszystko jest cipne.

Rozwód
Decydujesz się na rozwód
Musisz znaleźć zatem powód
Ale można to odmienić
I wcale się nie ożenić.

Decyzja
Niektórzy przez dziwne decyzje
I własne ambitne plany
Jak zrealizują te swoje wizje
To się nie pozbieramy.

Kosmici
Kosmici teraz są wszędzie
W radzie nadzorczej na polu

Niektórzy to piją dużo
Nie myją się nie golą
Nie wiedzą też o co chodzi
Przyjrzeć im się nie zaszkodzi.

Tak to jest
Koń się wkurzył ugryzł rolnika
I do tego mu dokopał
Rolnik dostał jeszcze w zawiasach
W takich to żyjemy czasach.

Można
Życie praca odpoczynek
Jak to wszystko jest zawiłe
I kończy się tak głupawo
Po prostu oklepią tyłek
Każdemu niestety osobno
Do czego to jest podobne?

Pomóc
Był właśnie za swoją potrzebą
I oni przyszli po niego
Choć na moment mogli przegapić
Dać chłopu się na koniec załatwić.

Wielcy
Wielkich tego świata nie ma
Bo nie ma też wielkiego świata

To iluzja i złudzenia
I czasowe przewidzenia.

Pożegnanie lata
Że lato się kończy to jest ściema
Końca lata nigdy nie ma
To tylko mały przystanek na parę dzionków
I zaczniemy od początku.

Bujda
Kto wynalazł taką bujdę
Ułomny być musiał
I to w dodatku w niedzielę
Tyle bajerów z wieczora
I padło to na znachora.

Kulka
Kulka pochodzi od koła
Jest zabawna z każdej strony
I obraca się na ziemi
Nawet wtedy gdy się ściemni.

Problem
Nastał problem że tak powiem
Wszystkiemu winne są czary
Kto się nigdy nie urodził
To dlaczego ma być stary.

Nowe
Czy to co nowe jest lepsze?
Sprawdza się i jest łaskawsze
Dni na ziemi są policzone
A niebo osiągniesz na zawsze.

Udowodnić
Nie udowodnisz że wczoraj żyłeś
Jadłeś obiad i późną kolację
Nie spodziewasz się że może jutro
Stracisz własną grawitację
Własny twój duch opuści ciało
I co wtedy jak się to stało.

Komu
Komu najwięcej zależy na mnie
Mnie samemu duchowi dobremu
Czy teściowej co jej chodzi o nic
Trzeba w pas się do ziemi ukłonić.

Wina
Ktoś kiedyś wymyślił winy
I to już od urodzenia
Urodziłaś więc pociechę
I to z pierworodnym grzechem
A powodem złote jabłko
I bądź teraz dobrą matką.

Co było pierwsze?
Co było pierwsze dobro czy zło?
Niebo czy piekło kotlet czy zupa?
Jeden uczony tak się tym przejął
I udowodnił zalał się w trupa.

Dziwne
Był znanym i niezłym fizykiem
Zaczął uprawiać klasykę
I zaczął przyciągać mamonę
I wszystko co było zielone.

Zorro
Pan Zorro popadł w niełaskę
Przypadkowo zgubił maskę
Nagle zauważył laskę
Zaczął dawać dziwne znaki
I zsunął się w zgniłe buraki
O mało nie zrobił draki
Winna wieczorowa pora
I czarna czapka znachora.

Wyrzekł
Koń się owsa wyrzekł w poście
Zrobił to z miłości do pługa
Na głodnego teraz ciągnie
Skiba jest dwukrotnie długa
Nagle wkurzył się i przestał

Złe myśli od siebie przegnał
I pan go z miłością pożegnał
Jak on tak mógł? Zapłakał pług.

Zaprzeczyć
Jak można wszystkiemu zaprzeczyć?
Starych ludzi przestać leczyć
Włączyć rozrywkowe techno
Zachorują szybciej umrą
Nie masz za co leków kupić
To korzystniej gościa uśpić.

Spienić
Spienić się rozrabiać i wić
Grymasić i udawać małpę
Wyciągać konia za grzywkę
Zaczepić w bułecie dziwkę
W końcu dostać po czuprynie
A spienienie samo minie.

Rozkosze
Zdarzają się takie rozkosze
Zimowe cieplutkie kalosze
Ale dziękować i za to
Za darmo na plaży w lato.

Skazany
Skazani zostali z przypadku

Bo byli świadkami wypadku
Ktoś został pobity z rodziny
Z niewyjaśnionej przyczyny
Ten umarł śmierć miał nieciekawą
To nowe typowe prawo.

Tradycja
Tradycją jest picie na sucho
Dokładnie walenie w bambuko
I spowiedź dokładna z niczego
Kropienie już umarłego
Poparcie za koalicją
I życie przykładne z ambicją.

Ile
Ile razy trzeba się bać?
Kogo kiedy czy w dzień czy w nocy
Teraz jutro za chwilę
O baniu to tyle.

Polowania
Dawno temu od zarania
Były modne polowania
Na czarownice bezduszne
Uważano to za słuszne.

Roboty
Nie nudzić się i ciężko tyrać

Ciułać znaczy po grosiku
Na trumnę zazwyczaj drogą
Związane z pogrzebem opłaty
Lepiej byłoby wziąć kredyt
A umierać korzystnie na raty.

Fajnie
Lepiej byłoby i może fajniej
Żyć beztrosko i zwyczajnie
Zarabiać na wodę i chleb
Kaszę i garderobę
I mamy normalną osobę.

Inteligent
Inteligentny gość to nie zabiera
On się obraca na górze
Udziela się często społecznie
Śpiewa w kościelnym chórze
A służy pomocą sporą
Bo inni dla niego biorą.

Wyjdę z siebie
Ktoś oznajmił z siebie wyjdę
I nigdy do siebie nie przyjdę
Znaczy to że jest ich dwóch
Gdzie się podzieje ten duch?

Czy uda się na wakacje
A może bezpłatny urlop
Nie wychodź z siebie to nie jest fajnie

Lepiej się utop zwyczajnie.

Rozmowny
Udaje sąsiada do siebie gada
Klęczy na grochu za swoje grzechy
Magister prawa którego nie ma
Z niedopatrzenia.

Zmiany
Zmiany oparte na jednym
Jak dokręcić śruby niejednym
Aż do oporu kurna
Tak żeby gwintu nie urwać.

Dziwne
Bardzo dziwne sytuacje
Że niektórzy mają rację
A dlatego że tak sądzę
Wszystkiemu winne pieniądze.

Zielone karty
Gra w karty zielone
To losowe rozdawanie dobrobytu
Przygranie w losową ruletkę
Może skończyć się fatalnie
Nie stać nawet na żyletkę.

Nic za darmo
Skarżyła się kiedyś bieda
I racja za darmo nikt nic nie da
W Ameryce Europie na Fondrach
Nie kopną za darmo w jądra.

Wystrzał
Wystrzelili w górę atom
Niebezpieczne w tamte lato
Co stanie się z naszą wypłatą?
Nie odpowiedziało ZATO
A ponosi duże koszty
Z pewnością naczelnik poczty.

Rabunek
Rabunek to w pewnym gatunku
Jest formą pocałunku
To usługa od portfela
Cmoknięcie obywatela
Można to spełnieniem nazwać
Nie od razu wszystko zabrać.

Strajk
Zastrajkowały smartfony
Nowoczesne huajłeje
Z lewej prawej i od przodu
Nie wiadomo co się dzieje
Ktoś chce ich teraz oclić
Jest korzystniej się utopić.

Koń i radio
Wprowadzono koniom radia
Do pługa wozu i radła
Teraz orzą w rytm rokenrola
I trudno ich wygnać z pola.

Tanie
Oj dzieje się panocku święty
Potaniały rozmaite usługi
Za pokropienie złotówka
Pięć groszy ostatnie dysko
Ale w tym rozrachunku
To tysiąc trzysta za wszystko.

Coś
Tak się stało z naszym Wickiem
Niechcący zaciągnął pożyczkę
A nie poradził się żony
Teraz chodzi przygaszony.

Procenty może nieduże
Chłopina jest bardzo zdziwiony
Liczone z odwrotnej strony
Ze wschodem słońca koło tysiąca.

Coś takiego
Coś takiego psia go mać

Ze sobą nie możesz spać
Bo to jest podobna płeć
We dwoje drożej jest mieć.

Nie wolno na siebie patrzeć
Bo się można nawet zgwałcić
A i dostać klapsa w tyłek
Nie jest to wcale miłe.

Rysio
Rysiek odłóż tego śledzia
Ugryziesz to będziesz siedział
Bo to jest koronny śledź
Tyś nie godzien tego jeść
Jeszcze z takim życiorysem
Lepiej baw się długopisem.

Nierówno
Suma sumie jest nierówna
Wspominała raz wójtówna
Dodali dwa grosze
A odjęli cztery grosze
Można jak się chce i proszę.

Pająk
Pająk zasłabł w pajęczynie
Czy to mucha wykorzysta?
Zakosiła mu tysiąca
Zostawiła tylko trzysta
To nie obchodzi żyrafy

Pajęczyna nie z tej szafy.

Poszli
Za koniem poszły miliony
Dlatego że był zielony
Złocony i z fotografią
Co też te bestie potrafią.

Piasek w oczy
Co też ten temat wyczynia
Pisały poranne gazety
Rozumiem rzucać piaskiem po oczach
A oni mu w oczy pustynią
I to o wczesnym brzasku
Skąd wziąć naraz tyle piasku?

Mocarstwa
Są mocarstwa mocne i liche
Takie na piątkę i nawet za dychę
Zdarzają się silne i po dwie dychy
Ale w środku wiele pychy.

Rum
Rumu to nie pije słaby
To alkohol od parady
Buja całkiem w inną stronę
Bo to trunek za zielone
Ale można stracić głowę

I za konia wziąć teściową.

Straszno
Zaczęły się zmniejszać rozumy
To nie jest powód do dumy
Jak wyschną odejdą od formy
Zbyteczne już będą reformy.

Pospólstwo
Pospólstwo rodzi się z biedy
Zauważalne jest wtedy
Gdy ktoś ma już wszystko w nosie
A za to dawno temu palili na stosie.

Ot i
Ot i wydarzenie nagłe
Zawarto sojusze z czartem
A ten im podsunął atom
Jeszcze mu dziękują za to.

Nie wdychać
Żeby nie napytać biedy
Śmiem z powagą teraz stwierdzić
Żółte było jest i będzie
I do końca będzie śmierdzieć.

A nie widać i nie słychać
Delikatnie nozdrza łechce

Musisz wdychać
Chcesz czy nie chcesz.

Inni
Nie wszyscy tacy jak my są inni
Zdarzają się ludzie dziecinni
Co uwielbiają wybuchy
I kochają karaluchy
Taki pocałuje żmiję
I cieszy się że nie żyje.

Narąbał
Taki jeden się zarąbał
I tyle drzewa narąbał
Wyciął las i trochę jeszcze
Problem jest gdzie spadną deszcze.

Nieuk
Na nieuka rady nie ma
Abecadła nie chce pojąć
Twierdzi że tam liter nie ma
Że się zmierzcha a nie ściemnia.

A powietrze jest widoczne
Pianie jest wadą wymowy
A głos pochodzi od krowy
Nie uczy się i ma z głowy.

I za konia wziąć teściową.

Straszno
Zaczęły się zmniejszać rozumy
To nie jest powód do dumy
Jak wyschną odejdą od formy
Zbyteczne już będą reformy.

Pospólstwo
Pospólstwo rodzi się z biedy
Zauważalne jest wtedy
Gdy ktoś ma już wszystko w nosie
A za to dawno temu palili na stosie.

Ot i
Ot i wydarzenie nagłe
Zawarto sojusze z czartem
A ten im podsunął atom
Jeszcze mu dziękują za to.

Nie wdychać
Żeby nie napytać biedy
Śmiem z powagą teraz stwierdzić
Żółte było jest i będzie
I do końca będzie śmierdzieć.

A nie widać i nie słychać
Delikatnie nozdrza łechce

Musisz wdychać
Chcesz czy nie chcesz.

Inni
Nie wszyscy tacy jak my są inni
Zdarzają się ludzie dziecinni
Co uwielbiają wybuchy
I kochają karaluchy
Taki pocałuje żmiję
I cieszy się że nie żyje.

Narąbał
Taki jeden się zarąbał
I tyle drzewa narąbał
Wyciął las i trochę jeszcze
Problem jest gdzie spadną deszcze.

Nieuk
Na nieuka rady nie ma
Abecadła nie chce pojąć
Twierdzi że tam liter nie ma
Że się zmierzcha a nie ściemnia.

A powietrze jest widoczne
Pianie jest wadą wymowy
A głos pochodzi od krowy
Nie uczy się i ma z głowy.

Burza
Gdzieś tam zwariowała burza
I nie myśli wcale przestać
Upomina się o nadgodziny
Ale wszystkich na to nie stać
Skąd na ten wydatek wziąć?
Może odtąd przestać kląć.

Boli
Jak zrozumieć że kogoś boli
W głowie trzeszczy i wątrobie
Śledziona jest wykończona
Nerka stęka jak papuga.

A nocka jest bardzo długa
Wyjść na spacerek na wieś
Rozerwać się legalnie w barze
I mieć wszystkie bóle gdzieś.

Do przychodni
Do przychodni wpada świnia
Brudna i nieogolona
Kolejka dwa kilometry
Ale świnia jest spasiona.

Za świnią trzy koryta żarcia
Poczeka bo jest uparta
I zawsze idzie do przodu
A przed nią padają z głodu.

Lump
Lump to pochodzi od lampy
To się nigdy nie ukryje
Ten jest okryty chwałą
Bo od rana świeci ryjem.

Rzucił pracę
Stary znachor rzucił pracę
Znana sprawa i zaznaczę
Przez przypadek zamiast grosika
Ktoś rzucił żółtko na talerz
A co najbardziej zasmuca
Że znachor te żółtko podrzuca.

Co ma
To ma wisieć a to stać?
Co ma rosnąć a co maleć?
Posłuchać tego wszystkiego
To można zwyczajnie oszaleć
A jak to zebrać za chwile
Najlepiej się uśmiechnąć mile.

Dźwigać
Uwaga na duże ciężary
Czyś młody czy bardziej stary
Nie szarżuj jak zwykły padalec
Bo zrobić się może zakalec
A skończyć się również niedobrze
Urośnie torba na torbie.

Takie coś
Rolnik konia do pracy zniewolił
I biczem biedaka uderzył
Zamachnął się batem odwrotnie
I odciął coś bezpowrotnie.

Poczekać
Najlepiej poczekać z oceną
Cenili siebie i cenią
A płacą to dobrze niech płacą
Nawet jak nie wiedzą za co.

Uśpienie
Uśpieni są co niektórzy
Wpędzeni w rodzaj amoku
Nic im nie przeszkadzają afery
Kasiory czy jakich podskoków
Namawiam do oczu przetarcia
To może być powodem wymarcia.

Ile prawdy
Ile prawdy jest i w tym
Kto największy robi dym?
Czy na górze czy na dole
Jednakowo prawda kole
A dym się do czegoś przyda
Bo się z czasem wszystko wyda.

Problem śmieci
Problem śmieci wciąż urasta
Zaśmiecone wsie i miasta
Kartony butelki plastikowe
Płyną do nas z turystyki.

W ramach nowej globostyki
Z powrotem dla fantastyki
Regularnie wraca wszystko
Ot i całe to zjawisko.

Co ma
Co ma prawda do głupoty
Są wybory wiszą spoty
A reklama bajer klei
I portrety dziwnych twarzy
A obywatel drzemie i marzy
Niestety niebawem się sparzy.

Kolejki
Pendolino jest pociągiem
Być może najskrytszych marzeń
Odwrotność kolejek w szpitalach
A ciągłości straszne skutki
Żeby nie umrzeć w kolejce
Przedtem trzeba się napić wódki.

Inwazja
Ruszyła inwazja moli
Tragedia aż głowa boli
Przepłynęli przez głębiny
Z prostej biznesu przyczyny
Wykończą nas te mole
Bo niektórzy to prostole.

Wizy
Dostał wizę tego lata
Beztrosko za wodę lata
Haruje dźwiga walizki
Ale zielonych nie widzi.

Bałwan
W lipcu bałwan kto to słyszał
Dziwiła się zdechła mysza
Biały mrożony uszykowany
Przegłosowały barany.

Ustawy
Ale akcja strach się bać
Może płakać czy się śmiać
Ustalono że od jutra
Nie wolno z tego żartować.

Zrobisz swoją własną kupę
Musisz to zarejestrować
Udowodnić na kamerze

Nie do wiary aż dziw bierze.

Marzyciel
Żeby zostać marzycielem
To potrzeba tak niewiele
Marzyć przez tydzień z wyjątkiem piątku
I brać gorące prysznice
Wnet się spełnią obietnice.

Można
Wszystko można lecz z ostrożna
Spać na pryczy czy walizce
Można się posypać proszkiem
I zwyczajnie uprać w pralce
Podczas prania głośno wzdychać
Lecz od środka nie zamykać.

Miłości
Miłości spełniają się często
Każdy ma do tego prawo
Ona bardzo zakochana
I na lewo i na prawo
A bywają miłości odwrotne
Ktoś kogoś nawet nie dotknie.

Wystawa
Zrozumiał że szanse ma złożone
A chciał jak najdłużej żyć

Wystawił na sprzedaż żonę
By nie musiał jej ciągle bić
Tak siły trwonił na bicie
Bo chciał tak ulżyć kobiecie.

Złoto
Złoto jest po to żeby oczy nęcić
Było cenione przez długie lata
Ale to można nazwać głupotą
Wywiniesz orła na co ci złoto.

Apostoł
Znachorem taki jeden został
Wszystkie uprawnienia dostał
Aż potężne zdziwko bierze
Takie rzeczy na Maderze.

Do nieba za kasę wejść
Ale przez piekło masz przejść
Za jedyne tysiąc złotych
W umowie wliczone zaloty.

Odebrał
Obdzierał kogo należy
Zły to przykład dla młodzieży
Nigdy też nie tracił formy
Raz należał do Bidony
A równocześnie do Zwisu
A miewał wiele kaprysów
A żeby nawet na śmierć nie zasłużyć

Musieć się tak wynaturzyć.

Sytuacje
Sytuacje niebezpieczne
Aż nie do uwierzenia
Jeden taki dla Kaprysu
To zamienił się w jelenia
Następnie w bogatą krowę
Stracił koło zapasowe.

Czy wypada?
Nie wypada bić się ze słoniem
Ktoś wyskoczył z taką bombą
Zdążył tylko to wykrztusić
I od razu dostał trąbą.

Małpa w cyrku biła brawo
Król wymachiwał buławą
Koń miał minę nieciekawą
A sam trener nawiał w plener.

Ruszcie się
Ruszcie tyłki kominiarze
Dym z komina się ukaże
To nie może się tak się ziścić
Komin podczas palenia czyścić
Komin może być za mały
A dym nietypowy biały.

Karakul
Karakul to mucha przeklęta
Na wiele kawałków pocięta
A wredna i nieszczera
Aż na wymioty zbiera
Nikt już na to nie poleci
To skąd karakul ma dzieci?

Palisz
Biada takiemu co kurzy fajkę
Taki co w oddech dym czarny wrzuca
Boli głowa oczy zamglone
A co najgorsze wkurzone płuca
Zanim zapalisz uderz się w zadek
Tak na wszelki wypadek.

Z dymem
Z dymem nie wygrasz
On cię załatwi
Zostawi ciemne ślady niemałe
Zanim raczysko na dobre wlezie
By nie bolało to zalej pałę.

Zamknięci
Zamknięci w sobie typowe gbury
Głuche niemowy z braku kultury
Polecamy im kupić takie coś
A tępą igłą ukłuć się w nos.

Dranie
Wczoraj w nocy jacyś dranie
To zwinęli pralkę Franię
Ale w środku było pranie
Brudne majtki gdzieś z ulicy.

Na ten widok podli dranie
Porzucili Franię biedną
A wiadomo że to dranie
To im było wszystko jedno.

Jeden taki
Jeden z problemem się mierzył
Wtedy w buzię się uderzył
I upadł z łoskotem na ziemię
Ma to z głowy po problemie.

Wypieki
Jest prawdą wypieki na twarzy
Każdemu się mogą przydarzyć
Świętemu na obrazie
I jadącemu na gazie
I pannie młodej w welonie
Pochmielonemu drużbie
I niemiłemu na służbie
Byle komu w swoim domu.

Garbaty
Garbatemu się przyśniło
Że ma proste plecy
Obudził się przetarł oczy
Prawie nie dowierza
Ktoś mu gwoździe powbijał
Wprost do kręgosłupa
Nie dość że jeż jest na plecach
To nie smakuje już zupa.

Zaczęły
Zaczęły się zmniejszać rozumy
To nie jest powód do dumy
Jak wyschną odejdą od normy
Zbyteczne będą reformy.

Pospólstwo
Pospólstwo rodzi się z biedy
Zauważalne jest wtedy
Gdy ktoś tam wszystko ma w nosie
A kogoś spalono na stosie.

Sojusze
Ot i wydarzenie nagłe
Zawarto sojusze z czarnym
Który im podsunął atom
Jeszcze mu dziękują za to.

Nie oddychać
Żeby nie napytać biedy
Śmiem z powagą teraz twierdzić
Żółte było i od zawsze
I do końca będzie pachnieć
I nie widać i nie słychać
Chcesz czy nie chcesz musisz wdychać.

Inni
Nie wszyscy tacy jak my są inni
Zdarzają się ludzie dziecinni
Co uwielbiają wybuchy i kochają karaluchy
Taki pocałuje żmiję i cieszy się chociaż nie żyje.

Wielcy
Niektórych nijakich cechują
Banały i hipokryzja
Wielki jest oddźwięk w prasie
Grzmi radio i telewizja
To okazuje się lipne
A same odkrycia cipne.

Mowy
Głowy zależne od mowy
A co za tym idzie
Jeżeli czegoś nie dokonam
To samo nigdy nie przyjdzie.

Ludowe
Ludzkie to znaczy jakie?
Normalne ciekawe pobożne
Złożone czy groteskowe
Po wiele myśli na głowę
Zdarzają się myśli tak fajne
Co rozśmieszają ferajnę.

Znęcanie
Łowić ryby to po pierwsze
Żal bo one były pierwsze
Żyły jeszcze przed człowiekiem
Przed potopem i po potopie
Bierzesz wędkę pomyśl chłopcze.

Czy wolno
Zamiast kłamać idź na wolne
Opuść scenę uderz z prawa
Należą się duże brawa
Ktoś ci podziękuję za to
Jak odejdziesz z pychą złomną
To ci tego nie zapomną.

Pokazali
Co potrafią pokazali
Uważali to za cud
Po obrzędach inni brachu
Niepokorni leżą w piachu.

Mimo tego
Niemożliwie uzdolniony
Bywa często wniebowzięty
Lata sobie samolotem
W tę i we w tę i z powrotem
Przy tym duża forsa znika
Okropna ta romantyka.

Odznaczenia
Tacy dzielą odznaczenia
W niby prawdzie i miłości
Złoto sztabkach do Rywiery
To wszystko dziwaczne numery.

Od jutra
Od jutra wszystko ma być tanie
Należy ceny odróżniać
Tylko jest jeden warunek
Do sklepu nie można się spóźnić
A na koniec są prezenty
Za darmo jak sklep jest zamknięty.

Coś takiego
Pomyśleć jak biedzie zaradzić
To najlepiej się wysadzić
Kupił dobre słodkie wino
I wsiadł do Pendolino
I pomylił stację z lotem

Wiadomości będą potem.

Promile
Alkohol zawiera procenty
Inaczej nazwane promile
Raz spróbował tego pogięty
I zapomniał się na chwilę
Wynieśli go na ołtarze
Na chodniku tuż przy barze.

Lekko i ciężko
Lekko to niedopatrzenie
A ciężko to już ciążenie
Komu lżej a komu ciężej
Komuś leży komuś wisi
A komuś może nie pasi
Niech się bardzo nie rozczula
I do siebie poprzytula
A w sobie ognie ugasi.

Dzięki
Dzięki za lato i zimę
Za jesień i cały rok
Wiosny nie wzięto tu pod uwagę
To nieostrożny krok
A wiosna rodzi przyjaźnie
Jest jakoś fajniej i raźniej.

Real
Jak pomyśleć tak realnie
Pozamykano wszystkie kopalnie
W zakłamaniu tak to bywa
Węgiel sam się wydobywa
Na dodatek sam się myje
A górnicy dają w szyję.

Zrobić coś
Zrobić coś czego jeszcze nie było
Albo lepiej żeby się przynajmniej wyśniło
To czego nigdy nie będzie
Puste miejsce a ja w pierwszym rzędzie.

Jestem aktorem reżyserem i widzem
Nic tu nie widzę i się wstydzę
A to nie jest sen
To jest normalny dzień.

Zabłąkana kula
Kula z lufy wystrzeliła i się zabłąkała
Cały dzień straciła i celu szukała
W końcu trafiła w znachora
A może to nie pomyłka ale przyszła pora.

Gryzoń
Gryzoń zęby postradał
W sposób rzeczywisty
Drzwi pomylił przypadkowo

Trafił do dentysty.

Już go zęby nie bolą
Co jest oczywiste
Czy w tym przypadku można obwinić
Biednego dentystę?

Tamten z tym
Tamten z tym to oni
Wczoraj ślub zawarli
Chyba małżeństwo z rozsądku
Na pozór wszystko w porządku
A gdy chodzi o jelenie
Bardzo inteligentne zwierzęta
To inne odzwierciedlenie
Warto by o tym pamiętać.

Umarł i
Odszedł i nic mu nie będzie
Kiedyś siedział w pierwszym rzędzie
Przekonywał i brał rozsądnie
Śpiewał głośno i porządnie
W końcu z kimś się w górze skumał
I tak zwyczajnie umarł.

Nami i wami
Nami i wami kieruje Bóg
Według wiary tak przystaje
Ale coś tu nie pasuje
Każdy równo nie dostaje

Z niejednakową szansą i sporą
Co niektórzy to zabiorą
A się winić nie ma czym
Z pewnością brakuje im.

Hobby
Praca wygląda na hobby
Z drugiej strony to robota
Czy to można nazwać pracą
Trzymającego się płota?
Omal że się nie zabije
Nie za swoje to za czyje.

I pomyśleć
I pomyśleć że uczeni
Często są niedocenieni
Wymyślili dziwne światło
A nie stworzyli powera
Okropna powstała trzęsawka
I rzuca jak z tomahawka.

Karać
Może tak wprowadzić rózgi
Na coś gołe nie przez slipki
Ale tylko kilka sekund
Żeby nie pochlastać lipki
I napletka nie uszkodzić
Żeby czegoś nie urodzić.

W barze
W barze zupa nie najlepsza
Za dużo pieprznęli pieprza
I sól nie była zbyt słodka
Zmartwiona kucharza ciotka
A reklama aż się boję
Zbyteczne w zupie naboje.

Koło
Koło dlatego się kręci
Bo miewa zaniki pamięci
Problemy ze słuchem i tuszą
A koła się kręcą bo muszą.

Wymysł
Wymyślili wielki talerz
Chcieli poniżyć znachora
Ciężki około stu kilo
Wyglądał na całkiem spory.

Znachor użył silnej woli
Nie zbiera bo coś go boli
A od czego jest służący
I reszta zwyczajnej biedoty
Do roboty.

Koniec świata
Koniec świata i początek
W drugą środę czwartek piątek

I koło trzeciej niedzieli
Już wszyscy się dowiedzieli.

Urodzony
Urodzony w dniu urodzin
Do dnia zabrakło dwóch godzin
Dochodzi tego a czy to coś da
Zmienić dobę na dwadzieścia dwa.

W państwie
W państwie słychać niepokoje
I pochlipywania ciche
Ogromna niesprawiedliwość
Budżet ma już tylko dychę
Ale to własność kolesia
Zostało niektórym się wieszać
Ale sznurek na kredycie
Jak zaradzić w tym rozkwicie.

Locha
Locha nie jest zwykłą świnią
Taka zawsze wszędzie zdąży
Nie dogodzi jej prosiaczek
Kapitan czy też chorąży
Locha jak zechce pokocha
Nie ma zgody to wynocha.

Kurpie
Kurpie w zamierzchłych czasach
Ukrywali się po lasach
I nie dali się zniewolić
Poćwiartować i posolić
Bili Szweda bez litości
W imię prawdy z konieczności.

Kopie
Węże zażądały kopie
A było to po potopie
A Noe był na urlopie
Przeszły mu po plecach ciarki
I już nie wrócił do Arki.

Corrida
Oj niedobrze wszystko idzie
Byk wkurzony na corridzie
Upity do nieprzytomności
Powyrzucał wszystkich gości
Prowadzącym nie wybaczył
A na koniec się odznaczył.

Pomyłka
Pług przed koniem nie do wiary
I to nie ma na to kary
A gospodarz na radlinie
Obejmuje gospodynię.

Upiór
Upiór przebrał się za speca
I ogłosił na betonie
Jak nie będzie pełny talerz
To dziś w nocy chata spłonie
Wszyscy zgodnie dali susa
I wrócili do Zeusa.

Znaczenie
Znaczenie ważne dla człowieka
To trzaśnięcie wieka w trumnie
Bo umarły zamknąć za sobą
Prostych drzwi nawet nie umie.

Madryt
A w Krabicie jak widzicie
Gra muzyka tętni życie
Panie tańczą rozebrane od pasa
Miło żyć w tych właśnie czasach
Ale co niektórych to gorszy
Zasuwają i bez forsy.

Kraksa
Gdy ziemia wypadnie z kosmosu
Rozleci się na części wiele
Nieważne przepadnie wszystko
Zostaną tylko niedziele.

Ratunku
Jednemu żyć się sprzykrzyło
A nie musiało tak być
Odciął sobie głowę przy kręgosłupie
Czy to aby nie jest głupie?

Koleżeństwo
Koleżeństwo wtedy się spełni
Jest lepsze nie będzie gorsze
Wytworzy niezłą gadkę
Za wspólną zebraną składkę.

Przechodzimy
Witamy samych siebie codziennie
Mówimy sobie   cześć witaj starcze
Czujemy się odmienieni
Ty patrzysz w lustro i ja patrzę.

Wyznanie
Do budynku przyszedł pies
I długo w kolejce czekał
W końcu dopchał się do krat
Patrzy w środku stary dziad.

I wtedy pies go rozpoznał
To on w nocy konia skradł
A do tego owsa worek
I cztery butelki wina

Ze ściany świętego zdjęcie
Czy to nie jest już przegięcie?

Bandy
Na świecie jest obecnie dużo
Cwanych i różnych fałszerzy
Okradają w imię czegoś
Twierdzą że im się należy.

Jak?
Jak powstają wielkie wojny
Międzyludzkie niepokoje?
Do głosu dochodzą świry
Robią ogromne machloje
W pogoni za własną korzyścią
Ojca matkę brata niszczą.

Implant
Korfanty montował implanty
A kiedyś pomylił otwór
Zamontował implanty klientce
Nie pomyślał ale potwór.

Ideał
Ideałem być niełatwo
I jeszcze później dochodzić
A żeby tego dokonać
To trzeba się nie urodzić.

A tam
Po raz stutysięczny który
Twierdzę że w górze nie ma góry
A naprawdę to co znamy
To są tylko pustostany.

O paleniu
W papierosach czarny siedzi
Podkulony kusy marny
Dlatego dym jest czarny
Wlezie w płuca i po chłopie
Jesteś na wiecznym urlopie.

Prawdziwie
Prawdziwie to naprawdę jak?
Na leżąco na stojąco na wznak
O poranku w południe przed północą
Nie biega ale ręce się pocą.

Układ
Układ to jest taki zwyczaj
Oddawaj a nie pożyczaj
Albo odwrotnie co ci zależy
Nie dotyczy walecznych tancerzy.

Mało czy dużo
Jednemu się wydawało
Raz miał dużo a raz mało
Sytuacja tak mu zbrzydła
Nakupował tony mydeł
Przez to zbankrutował Świder.

Szalony
Każdy szalonym być może
Koń czy mucha na motorze
Tylko uwaga na gaz
Ostatni to może być raz.

Mina
Saper zanim rozbroił minę
Przyglądał się jej godzinę
Pomylił się kabelkowo
I mamy tego przyczynę
Nijaką ma saper minę.

Nie może być
Ach te nieszczęścia nie stać na zupę
To na dodatek związali drutem
I napisali spokojnie bratku
Metal odliczysz sobie od podatku.

Zmiany
Świat się zmienia i zielenie
Rodzą się pingwiny i jelenie
Narosło wiele paproci
A człowiek wszystko piknoci.

Miał się
Miał się dobrze żył jak hrabia
Nie pracował a zarabiał
I to niezgodne z nauką
A jest to nie lada sztuką.

Zmiany
Zmiany widać gołym okiem
Z każdym dniem miesiącem rokiem
Starość i tęsknotę zwiększa
Coraz mniej w płucach powietrza
A dlaczego tak to bywa?
Lat przybywa nie ubywa.

Program
Istniejemy w pewnym czasie
Zbiorowo i każdy osobno
Będziemy się cieszyć wiecznością podobno
Każdy dostanie przydział
Jak umrę będę siebie widział.

Potworowo
Potworowo to nie fajnie
Dziwaczne odejście od normy
Coś polityczne przejście z Kaprysu
Do rządzącej przedtem Biformy.

Nakazy
Nakazy są dzisiaj na modzie
Należałoby to zmienić
Nie można bez zapytania
Umarłemu się kazać ożenić.

Partie
Partie inaczej amantki
Wywodzą się z partyzantki
Kombinują kasę dzielą
A językami mielą.

Dobre sobie
Wampirem być to nie lada sztuka
Biegać po nocach szukać zaczepki
Połykać ogień i jeść otręby
By okazyjnie zarobić w zęby.

Super
Klawo super i do przodu
Używaj życia za młodu

Bo kiedyś starość nadejdzie
To wszelka ochota przejdzie.

Gra
Grać o życie inwestować
Wierzyć cieszyć się pracować
I zdobywać to co chcieć
A nie zawsze musieć mieć.

Zabrali
Zabrali mu ostatnią szansę
Dowiedziałem się i wiem
Zamknęli go w ogromnej klatce
Stanął oko w oko z lwem.

On się nie bał zęby suszył
Lew się nawet nie poruszył
Wzrok miał dziki niecodzienny
A do tego był kamienny.

Rozbój
Chodzi taki bo mu płacą
Niektórzy nie wiedzą za co
Tak kupują wczasy wieczne
Choć to czasem niebezpieczne.

Wojna
Ktoś kto wymyślił wojnę

To był po prostu żulem
Chciał wygrać z typowym bólem
Przeliczył się dostał kulę.

Smak
Od czego zależy smak
Od kucharza czy kelnera
A może od własnego języka
Bez ryzyka.

Pokuta
To są przykłady pokuty
Duże palce ciasne buty
Ciężka metalowa czapka
A w nosie na myszy pułapka.

Brak rozgrzeszenia znachora
Tak pokutowała babcia
A w tym wiele jest fantazji
Dziadek się urżnął z tej to okazji.

Racje
To jest prawdą czy to błąd
Kto ma rację lud czy rząd?
A może jednak ktoś trzeci
Co mu na język przyleci.

Kamerdyner
Zeus miał kamerdynera
Mądrego aż dech zapiera
Co oliwy do ognia dodawał
W powietrzu pioruny spawał.

Przewracał góry budował kopce
Raz jeden podpadł jak skrzywdził owcę
Zeus wykonał wyroki sroge
I kazał obciąć mu trzecią nogę.

Z nami
Chodź z nami nie będziesz dziad
Wspólnie będziesz z nami brał
A lepiej może nie wiedzieć
Możesz kiedyś za nas siedzieć.

Fujara
Fujarka ma powód do dumy
Ktoś jej zamontował struny
I może udawać gitarę
Albo skrzypce wiolinowe
Ale ten co to wykonał
Musiał mieć koślawą głowę.

Nie winien
Niewinny trafił do pudła
Niewidomy i jeszcze na szczudłach
I ma pretensję do tego

Że nie zobaczył sędziego.

Dziwy
Mamy bardzo dziwne czary
Wczoraj młody dzisiaj stary
Okazał się frankowiczem
Procenty ruszyły po cenie
Stracił całe swoje mienie
Zostało mu tylko zwątpienie.

Kant
Kant inaczej zwany róg
I siłacza zwali z nóg
Nawet kilka razy z rzędu
Wskazane nabranie rozpędu
I uderzenie w futrynę
Ktoś tu zrobił dziwną minę.

Racja
Ktoś ma rację a ktoś nie ma
Jakby to wypośrodkować
Trzeba starać się nie kłamać
I głowy w piasek nie chować.

Goło
Na golasa jest fajowo
Wiaterek muska po ciałku
Guma w majtkach nie uwiera

Nie uprawiać tego na froncie
I w ferie bo można stracić baterie.

Pchać
Pchać do przodu to popychać
A do tyłu to się cofać
Gorzej jeśli przedtem umrzeć
A po zgonie płakać i szlochać.

Zajęcia
Ogień się zajął lasem
I stworzyły się pochodnie
A co by tak się zdarzyło
Gdyby las się zajął ogniem?

Kropka
Kropka ma znaczenie duże
Stawiana na końcu wyrazu
Zamyka wiele myśli
Ale czy kiedyś się przyśni?

Byle co
Trzeba dobrze o tym wiedzieć
Za co można nawet siedzieć
Ugryzł kawałek gruszki
Rezultat dwa lata puszki.

Szukać
Prosili błagali skamlali
Udawali że są bardzo biedni
Odwdzięczyli się po przyjeździe
I wszystkich przybyszy zjedli.

Wierzby
Dlaczego wierzby płaczą?
I to z byle jakiego powodu
Okazuje się że tylko te przydrożne
Z powodu spalinowego smrodu.

Kłopoty
Kłopoty istnieją w ogóle
Miewają je nawet króle.

Pomyłki
Pomyłki zdarzają się często
Bez względu na rodzaj i pracę
Ale czy można wybaczyć
Pomylić się i wrzucić milion na talerz?

Założył się
Jeden założył się chyba
Że dogoni wieloryba
Ale mu się nie udało
Od tej pory stop z gorzałą.

Zęby
Śniły mu się zdrowe zęby
Białutkie całkiem jak nowe
Ale był niezadowolony
Bo z przodu same trzonowe.

Chcę być
Chciał być koniem taki jeden
Chodził po wsi i się pytał
I do tego był nietrzeźwy
Dziwiły się stare wierzby.

Pamięć
Bez pamięci ciężkie życie
Ale bywa i ubogo
Dostał kopa przypadkowo
Nie pamięta którą nogą.

Na wojnę
Na wojnę idą niektórzy
I to całkiem nie z przypadku
Ponieważ tę właśnie przylepę
Dziedziczą po ojcu czy dziadku.

Szef
Taki jeden bohater
Okazał się szefem mafii
A umie liczyć do pięciu
Wiązać butów nie potrafi
A zabija tylko we śnie
Po dwunastej i nie wcześniej.

Dość
Nie dość że się schlał dziadyga
To pokazał też co umie
Raz nagabywał jednego
By za zdrowie wypił w trumnie
I jeszcze zanucił sto lat
Oj przydałby się tutaj bat.

Lampa
Lampa służy do jasności
Pobudza uczucie radości
Z sufitu się może oderwać
A w lampę też można oberwać.

Zwierzenie
Taki jeden na komendzie
Obiecał że brać już nie będzie
Ale to nie jest tak wiele
Bo tylko co drugą niedzielę.

Zawłaszczył
Taki pomysł nie do wiary
A to padło na nie młodego
Wydał oświadczenie takie
Że słońce należy do niego
Zasłonił promienną koronę
Nie wszystko miał obliczone.

Został
Kwiaty wieńce gratulacje
Medal brawa i owacje
Ale za co i aż tyle
Jest zwyczajnym krokodylem.

Dureń
Z czego ta duma kurna
Nie trzeba udawać durnia
To najzwyklejsza postać
Nietrudno kimś takim zostać.

Bob
Bob był raźnym zdrowym chłopcem
Uwijał się biegał z mopem
Ale robił wielkie szkody
Nie brał pod uwagę wody.

Pełna pierś
Żeby było dobrze słychać
Pełną piersią należy oddychać
Ale żeby móc u kuruca
To trzeba jeszcze mieć płuca.

Symbole
Są dobre symbole
Ale i złe też bywają
Zdarzają się fanatycy
Niektórych kwiatami witają
A o kim tu mowa wiecie
Tak to się dzieje na świecie.

Ryk
Na paśniku głośny zgiełk
Pies zaryczał koń zaszczekał
Baran zdążył się rozbrykać
Kaczka ze strachu wysikać.

Słowik zagrał rokenrola
Aż gospodarz się wystraszył
I drgał jak jesienny liść
Przyjechało całe KoMo
A co dalej już wiadomo.

Nie chcę
Nie chce tego tamto chcę
Albo nie chce to nie tamto

Dostanie to czego nie chce
To komu da to tamto
Zupa wystygnie zmęczył się garnek
I możliwości poszły na marne.

Potem
Najpierw umarł
Na konia wsiadł potem
Zrozumiał nagle odwrotność
Aż cały oblał się potem
Wkurzył się i strzelił z łuku
Dlatego tyle tu huku.

Coś takiego
Coś takiego
Zamiast lufę z lufy strzelić
Zamiast przełknąć zrobić dym
Chwalić by się tylko czym?

Widział
Taki jeden wracając ze szkoły
Plątał i kluczył bez celu
Przez przypadek koleś trafił
Po luksusowego hotelu.

Od tej pory jest wesoły
Bo spotkał tam kurczaki
Caluteńkie oskubane
A wrócił do domu nad ranem.

Służyć
Do mycia ma służyć mydło
A do poświęceń kropidło
Karta by składać życzenia
A skóra już do swędzenia.

Zachwyt
Wpadł w zachwyt zobaczył babcię
Która zmieniła się w żabcię
Z pod nóg uciekła mu dróżka
Leży przykuty do łóżka.

Pożyczka
Pan od konia tysiąc złotych pożyczył
Wierzył mu i pieniędzy nie policzył
Teraz twarz zapłakaną ma w dłoniach
Na trzy stówki został zrobiony w konia.

Pomyłka
Wielka pomyłka strata niestety
Z odwrotnej strony dobiegł do mety
A co najbardziej go zaskoczyło
Na jego trasie drogi nie było.

Wojny
Wojny są nam niepotrzebne

Szkoda pieniędzy z portfela
Zamiast uskuteczniać pokój
Jeden do drugiego strzela
Dowodzący to motyle
Na dzisiaj o wojsku to tyle.

Nie samym
Nastały przedziwne czasy
Zniknął pociąg do kiełbasy
Do gorzałki jest nielichy
I to pod gołym niebem
Nie samym człowiek żyje chlebem.

Zniknął
Koń ulotnił się od pługa
Widziała to skiba długa
Parobek wariata struga
Ładna to bajka niedługa.

Zaproszenie
Król zaprosił wielu gości
Przyszli do niego z litości
Z przyzwyczajenia po trochu
Żeby nie trafić do lochu.

Liczyć
Liczyć na coś trzeba wiedzieć
Bo można się nawet naciąć

Żeby pewne sprawy dokończyć
To trzeba je najpierw zacząć.

Blew
Blew jest nieprawdą ukrytą
Schowany za kurtyną głęboko
Uwaga blefuj z umiarem
Bo możesz zarobić w oko.

Młodość
Szanujemy kochamy przyrodę
Dbamy o swoje zdrowie
Gromadzimy złoto we sztaby
Uskuteczniamy przelewki
Uwaga na zdrowe dziewki.

Sen
Twierdził że sen jest rozrywką
A raz go walnęło zdziwko
Przyśnił mu się zwykły pic
To coś takiego jak nic.

Dochodzenie
Doszły do nas wieści z knajpy
Że Zeus pochodził od małpy
Zeus na to tak poradził
Grzmotnął i knajpę wysadził
Od teraz nie ma gdzie leczyć kaca

W głowach bogom się przewraca.

Męki
Męki nie są już skuteczne
Bo i piekło jest niemodne
Nastały czasy seksowne
I wkurzone dni bezpłodne.

Obowiązki
Wszyscy mamy obowiązki
Szkolne dzieciska do książki
Dorośli jak zwykle do pracy
Emeryci do leżenia
Wielbiciele do wielbienia
To ostatnie jest bezpieczne
A jak mówią ostateczne.

Dorównać
Szczupak rybie nie dorówna
Chociaż nie wiem może chyba
A co jak się trafi wieloryb
To dopiero gruba ryba.

Kto
Kto strzela we własną głowę
Musi mieć nerwy głupawe
Naboje kosztują drogo
A tak na dobrą sprawę

Najlepsze do tego są noce
Powinien zrobić to w krocze
To straci tylko wodę
A ubezpieczy szkodę.

Zanim
Zanim zajrzysz do kieliszka
To najpierw pomyśl cywilu
Przed tobą przepili majątki
A było ich aż tylu.

A wielu się błąka pod sklepem
Przemyśl to dobrze i nie bądź cepem.

Gonić
Facet zginął nie przypadkiem
Bo chciał rozwiązać zagadkę
Chodziło tu o pewien spór
Więc przywalił w twardy mur
Ten się nawet nie ukruszył
Facet umarł tak się wzruszył.

Rabunek
Obrabować bank miłości
Może być nie lada sztuką
A co dalej zrobić kurde
Otworzyć knajpę czy hotel
Albo ośrodki zadymy
Aby do zimy.

Histeria
Histeria wzięła się z gniewu
Okropnie szkodliwa dla członka
Jeden koleś tego doświadczył
I jego wkurzona małżonka
A to się wtedy działo
Gdy komuś coś nie zadrgało.

Gra
Gra o trony i o władzę
Wyrażę się nie przesadzę
Dzielone w teorii równo
W praktyce wychodzi na złudno.

Śmiem twierdzić
Śmicm twierdzić że dawni króle
Złych rzeczy działali niemało
Oni się tym nie martwili
Ale poddanych bolało.

Z obrazka
Widać to jasno z obrazka
Że święta to niezła laska
Dlaczego została ścięta
Bo była podobno majętna.

Rada
Taka rada co ten gada
Nie da się nie mówić prawdy
Mimo że się w sercu kraje
A takiemu się wydaje
Że jak posiada złoto
Nie musi się liczyć z biedotą.

Sława
Porąbane mamy dzieje
Dziś dominują wodzireje
Na lewo oraz na prawo
I to się nazywa zabawą.

Lęk
Lęk jest niepokoju formą
Nie objęty żadną normą
Stwarza liczne niepokoje
Nie wiem a czegoś się boję.

Wymysł
Bat wymyślił pewien kat
Nie ma co tu prawdy kryć
A zrobił to bardzo świadomie
By słabszych od siebie bić.

Napad
Ze wstydu się taki nie zapadł
Gość pewien na siebie napadł
Pobił się a później dogonił
Zapłacił za adwokata
A w sądzie otrzymał dwa lata.

Kiszki
Wyjęli ze środka mu kiszki
Dżentelmen dostał zadyszki
Dowiedział się o tym w knajpie
I teraz z kotletem się szarpie
A się nasuwa pytanie
Czy bez kiszek wykona zadanie?

Uwaga
Czy sól jest cierpka a cukier słodki?
Spierały się dwie stryjeczne ciotki
I nie wyszły z tego jaja
Bo to święto Pierwszy Maja.

Szukać
Kombinował płakał pukał
Jeden pan siebie szukał
Tak bardzo siebie polubił
Że zapomniał gdzie się zgubił.

Dole
Dole są i przypadkowe
Może sfrunąć słoń na głowę
Można siedzieć a nie być winnym
Ale trzeba mieć nadzieje
Że lipiec będzie gorący
I drogi śnieg nie zawieje.

Zły pies
Dlaczego pies ma być zły
A pan jego dobrym być musi?
Dlatego że czorcio udaje
I wcale nie musi a kusi.

Przyjrzał się
Popatrzył w lustro nic nie zobaczył
Pewnie go nie ma serce nie bije
Nagle zrozumiał to takie proste
Bo od tygodnia on już nie żyje.

Ekstra
Coś tak ekstra ale skąd?
Nikt za darmo nic nie daje
Chociaż bywają wyjątki
Ale tylko w wolne piątki.

Płacze
Płacząc tracisz dużo wody
Niechybnie oczy trenujesz
Pozbywasz się stresu i smutku
Niewskazane płakanie do skutku.

Śmiech
To nie może być pociechą
Coś jak podatek od śmiechu
Musisz śmiać się po kryjomu
Po cichu we własnym domu
A jak wprowadzą kamery
To powstaną wielkie szmery.

Kolejki
Na kolejki nie ma rady
Ten problem często się zdarza
A to dotyczy przeważnie
Biednego inaczej łazarza
Powodem jest zwykle brak forsy
A czeka jak zwykle ten gorszy.

Kosmos
Kto jest w kosmosie ma wszystko w nosie
O nic nie prosi tam darmo dają
Pieniądz w przestrzeni nie ma znaczenia
Ale jest tylko jedna przeszkoda
Trzeba się najpierw pozbyć ciążenia.

Wysłany
Został wysłany na ziemię
Żeby coś dobrego zrobić
Ten myślał tylko o jednym
Żeby szybko się dorobić
Ale smakowało postem
Zakończył biznes pod mostem.

Geniusz
Geniusze byli i będą
Tworzą teorie wciąż nowe
Programy skomplikowane
Twórczo gospodarczo bojowe
Dopóki gdzieś coś nie gwizdnie
I wtedy się normalność poślizgnie.

Nie działa
A trzeba się nagłówkować
Coś potrzebne zreperować
Popsuć za to idzie sprawniej
Weselej śmieszniej zabawniej.

Beton
Beton licho rządził w państwie
Zachowywał się jak szogun
Raz zupełnie przypadkowo
Służący podał mu piołun
Wtedy w transie zapoznał Rocką

I przeniósł się na Matrocką.

Wszędzie
Polityką pachnie wszędzie
W domu w polu na urzędzie
Udziela się i w kościele
Ale co drugą co niedzielę.

Odmiana
Szatan to odmiana czorta
Lecz ma większe uprawnienia
Używa tępej żyletki
A kremu do golenia sierści
I często barwy głosu zmienia
Aż do czternastu boleści.

Banda
Bandy tworzą śmiertelni ludzie
Na uczciwej matce ziemi
W dzień powszedni i we święta
Musimy o tym pamiętać
Ograniczyć dostęp do eci peci
Wtedy twór ten się rozleci.

Pijusy
Ochlapusy to też ludzie
Tylko z niewielką różnicą
Ubierają się niemodnie

Rzadko piją dobre wino
A co zdarza się im często
To całują się ze świnią.

Wypowiedzi
Szemranie już wyszło z mody
I przestało być pociechą
Tyle teraz jest roboty
Nie ma czasu robić grzechów
A grzechy to nabywają
Ci co teraz wyczyniają.

Coś takiego
Koń rolnika do wozu zaprzągł
Uszykował długi bat
A jeszcze co gorsze od bata
Nie pytał rolnika o lata
Czy ktoś z tego wniosek wyciągnie
Rolnik umarł a chłop jeszcze ciągnie.

Sen
Przypadek to niecodzienny
Ktoś kiedyś wpadł na pomysła
Wynalazł sen bezsenny
Zawiązał sen na supeł
Cisza i buzia w kubeł.

Potknął
Kogoś to los tak dotknął
O własne nogi się potknął
A gorzej to powiem więcej
Skarżyły się własne ręce.

Połknąć
Niezła z tego była draka
Stonka połknęła ziemniaka
Rozumiem takie coś dotknąć
Ale żeby od razu połknąć?

Uciekał
Uciekał przed teściową dwa lata
Nie spał i nie jadł bez przerwy
Nagle otrzymał odwagę
I w przerwie stanął na wagę
Niestety nic nie ważył
Aż się ze wstydu sparzył.

Lenistwo
Lenistwo to stara przywara
Ktoś by powiedział że kara
A może to tylko beztroskie leżenie
I jakie to ma znaczenie?

Role
Każdy gra rolę na tym padole
Nieraz z efektem nawet zwycięstwa
Trudno jest jednak nie zauważyć
O pewnych rolach można pomarzyć.

Rozwód
Żeby wziąć rozwód trzeba mieć powód
Ale to nie jest już zakończone
Trzeba jeszcze małżeństwem być
Regularnie się z żoną bić
A trzeba jeszcze posiadać forsę
I jedna strona ma być tyranem
To druga strona ma przerypane.

Wstyd
Ze wstydem trzeba się liczyć
Wstydu nie można nabyć czy kupić
Wstydem to głupio jest się pochwalić
Ze wstydu można się nawet spalić.

Zagrycha
Jest flaszka to najważniejsze
Za chwilę zagrycha przyjedzie
A czy ktoś kiedyś pomyślał
Czym zagryzają śledzie?

Pojawił
Las pojawił się w teatrze
A następnie wielka scena
Cztery wilki i dzik bury
A w górze kłębiące chmury
Na końcu pojawił się osioł
I wszystkich widzów wyprosił.

Łaska
Kogo ma dotyczyć łaska
Bogatego czy biednego?
Czy kogoś kto umarł w niełasce
Na zgrabnej ślicznej lasce?

Według
Prawdą jest że lud to cud
Wprowadza pokój i spokój
Więc trzeba wspólnymi siłami
Ujarzmić na ziemi niepokój.

Strach
Żyć ze strachem czy pod strachem
Czy to nie jest wszystko jedno?
Ale coś w tym jest naprawdę
Bo ze strachu twarze bledną
Po ciemku się taki pojawi
I żółte na dresach zostawi.

Ancymon
Ancymony są skuteczne
Bywa że i niebezpieczne
Dla siebie i kogoś w pobliżu
Należy unikać negliżu.

Co ma
Co ma zwiędnąć to zwiędnie
Co ma się pogiąć to się pognie
Po co się jednak wysilać
I przez głowę zakładać spodnie?

Po co
Na cóż zmarłemu budować pomnik
I przykrywać ciężką płytą
Czy nie byłoby korzystniej
Na tym miejscu zasiać żyto?
I umarły na tym nie straci
A z czasem się za pogrzeb wypłaci.

Geniusze
Prawdę tu wyjawić muszę
Kredyty wymyślili geniusze
Ale procenty wysoko
Że można utracić oko.

Spór
Pospierał się koń z traktorem
I to o okazałą kasę
Traktor dostał trochę więcej
Koń strajkować zaczął srogo.

Najgorsze to jednak się stało
Pan wstał z łóżka prawą nogą
A pani na lewo poszła
Ach taka historia miłosna.

Stronić
Misio wyrzekł się gorzałki
Czarny tylko na to czekał
Wlał czystego sto procent bimbru
Do pustej butelki od mleka.

Czy Misio zasłużył na grzech?
A może to tylko jest pech?
Głowa boli szkoda gadać
Nie ma siły się wygadać.

Podsłuchy
Sprawa toczy się przewlekle
Ktoś podsłuch założył w piekle
Nie zakończy się szybko tak sądzę
Bo w grę wchodzą tu grube pieniądze.

Strata
Na księżycu była woda
Ale skończyła się latem
Pewnego pięknego poranka
Wylądował ziemski statek
Ziemianie na kacu byli
I studnię wody wypili.

Kogo
Daje dużo do myślenia
Coś to dorwało jelenia
I w ramach sprawiedliwości
Pogruchotali mu kości
A trafili na samicę
Słonie wyszły na ulicę.

Powinno
Zanim loda masz polizać
Należy wpierw mu się przypatrzeć
Bo bakteria trafia się luzem
I można przegrać z intruzem.

Więdną
Więdnie kwiatek z braku wody
Uwiądł biedak kiedyś młody
Można się wysilać zbędnie
Co na dole to też więdnie.

Na serio
Na serio brać życie to błąd
Skąd się to twierdzenie bierze
Tak myślała pewna mrówka
Goniąc słonia na rowerze.

Wiązać
Ktoś tam ze wstającym słońcem
Zawiązać chciał koniec z początkiem
Nie dość że się najpierw sparzył
To się na siebie obraził.

Nie lubi
Zło dobra nie lubi
To wiemy z praktyki
Może trochę i z teorii
Ale do tej pory
Zło stać na brzydkie rzeczy
Dobro na amory.

Kaprys
Kaprysy miewa pogoda
I do ślubu panna młoda
A kaprys czy jest ozdobą?
Znachor bierze ślub ze sobą.

Ogarnąć
Biedę należy ogarnąć
Można przy tym się zachłysnąć
Przyczaić się na momencik
Biedę w ciasny kącik wcisnąć
Nie ma biedy nie ma sprawy
Świat stał się bardziej ciekawy.

Mamy
Nic naszego tylko chwile
Cóż stać nas tylko na tyle
Na tyle a może jest z przodu
I po co tak tyle zachodu?

Zawód
Zawiódł się na swoim zawodzie
Bo lubił uwodzić kobiety
Nie dość że był biedny
To uczuciowo za słaby niestety
A teraz to doszły słuchy
Prać musi nieswoje pieluchy.

Na bok
Ktoś pomyśli że to blef
Dziś drogę zastąpił mi lew
Wtedy poprosiłem grzecznie
Chcę iść do pracy bezpiecznie
Nie ustąpiła wywlokła mnie lwica
I mamy pierwszego dziedzica za rok

Przez ten jeden nierozważny krok.

Wtargnął
Do sypialni wtargnął duch
We wtorek z samego rana
Wykorzystał pewien moment
W sypialni nie było pana.

Co miał zrobić zwykły duch?
Zrobił oko do tej damy
Nie ma czego się domyślać
Zakończenie wszyscy znamy.

Wątpić
Taki jeden ciągle wątpił
Że on tego nie dokona
Myślał przedtem jak się zastrzeli
A co będzie jak nie skona?
I do tej pory tak wątpi
Nie wiadomo jak postąpi.

Śmieszny
Śmiesznemu myślenie jest gładkie
Zatrzyma się taki na kładce
I śmieje się z koralika
Którego otrzymał po babce
I stało się pękła kładka
Śmieszny się wkurzył czy babka?

Wrażenie

To że jestem ja to wiem
Ale skąd się myślenie wzięło?
Domyślam się i stwierdzam
Że życie to walka o dzieło.

Prezydent

Jeden został dyrygentem
Uważał że wszystko jest święte
Poradził się swojej babci
Jednakowe kapelusze i berety
I musi się leczyć na głowę niestety.

Sądny dzień

Sądny dzień będzie niebawem
Ale data niewiadoma
Co wtedy musimy począć?
Zostać w domu i odpocząć?

Chociaż to czas będzie nie fajny
Czarci porwą nadgodziny
Na zewnątrz straszne pioruny
A w środku nietęgie miny
Najlepiej z łańcucha psa spuścić
I do końca świata nie dopuścić.

Poleciał

Ktoś taki poleciał za kobietą
Nieogoloną kusą i dziką

Podobno z aresztu zwiała
Przy tym zabiła dwóch tylko
To mi wygląda na zakochanie
Uchowaj przed taką go Panie.

Reszta
Będzie wojna i ludzi część zostanie
Niestety pozbawiona życiorysu
Chcesz żyć to co ci pozostanie
Musisz należeć do Kaprysu
A reszta zamieszka w aresztach
W fali smrodu głodu i ucisku.

Szyderstwo
Szydził z siebie samego pewien pan
Dokuczał sobie i pięty przypalił
W końcu popadł w stan nijaki
Z brzucha flaki wszystkie wywalił
Nie musi już pić ani jeść
Nawet rankiem nie powie sobie cześć.

Nawiedzony
Nawiedziła go teściowa z rana
Ale los sam to wybiera
Jak zobaczył zapis w testamencie
Umarł ze względu na same zera tylko
Postawione przed jedynką.

Przywiązany
Przywiązany okrutnik do drzewa
Zamiast płakać i skamleć o litość
Ten śmieje się głośno
Wie że kiedy piorun trzaśnie od niechcenia
To się wszystko w jego życiu pozmienia.

Partyzant
Partyzant to jednak ryzykant
To taki co wciąż się ukrywa
Nie może zajrzeć do baru
I się napić nawet piwa
A w lesie śpi i nie strzela
Znaczy że się nie udziela.

W sądzie
W sądzie wybuchł wielki skandal
Sędzią okazał się wandal
Co zrobił niemiły fortel
Wysadził pod sobą fotel
Oddalił się daleko fizycznie
Niestety był słaby psychicznie.

Lament
Ktoś kto płacze czy coś traci
Powinien to udowodnić
Nie dotyczy młodych matek
A reszta płaci podatek.

Racje
W pewnych sytuacjach racje
Zdarzają się bardzo często
Zamówił w knajpie rzadką
A podano mu zupę gęstą
Nadziewaną nabojami
Zdarza się ale czasami.

Na niby
Zażartował i umarł na niby
By pokazać że coś umie
Obudził się i aż zdębiał
Leżał z płcią żeńską w trumnie
I to z dziwną rudą dziwką
Normalnie rąbnęło go zdziwko
Nagle zrobił się rozumny
I wyciągnął to to z trumny
Choć zachował się rozsądnie
Ale kto jemu teraz pociągnie?

W grubość
Grubas nie mieści się w futryny
Gdzie doszukiwać się winy?
Na pewno nie wina kelnerki
Grubawe powstały rozterki.

Na pierwsze danie cukierki
A na drugie gorące obierki
I kasza z salcesonem
A zupa a w niej skwarki

Jak czytam to menu
To aż przechodzą mnie ciarki.

Ryzyko
Ryzyko zawału jest duże
Przez ogromną w domu burzę
Teściowa wyjechała na zięciu
Policjantów ją goniło dziesięciu
Postrzelony dzielnicowy
O odwecie nie ma mowy.

U Ramzesa
A w Egipcie u Ramzesa
Niejeden przechodził stresa
Kiedy przeważyły grzechy
Ramzes bił brawo z uciechy
Gościu zostawiał złoto
Do Hadesu szedł piechotą.

Cud
Nazywał się Marian Cud
Śpiewał aż zwalało z nóg
Bardzo głośno i bez przerwy
Niektórym puszczały nerwy
Z grubego tonu od razu na cienki
Czasami ai pękały bębenki
Wykupiono nervosole
Taki bas mieć ja nie wolę.

Udawać
Udawać biednego jest głupio
Gdy wypłata przerasta forsę
To może jeszcze i przejdzie
Ale sprawy są jeszcze gorsze
A udać bogatego gdy w portfelu pustki
Można dostać zawału lub ataku trzustki.

Tamte czasy
W tamtych czasach źle nie nie było
Choć trafiali się i spece
Często podmieniali karty
Siadali na złote sedesy
Ale żółtko dzielili na równo.

Bez różnicy
Umrzeć a zginąć czy jest różnicą?
Bo się wydaje że jest to samo
Ta sama droga i to ostatnia
Ciało zostaje duch się ulatnia.

Ciapa
Mapę trzeba umieć czytać
Kiedy nie masz dżipiesa
Bo można kiedyś zabłądzić
Nabyć jakiegoś tam stresa
Albo pisać nową fraszkę
Na bezludnej wyspie z Piętaszkiem.

Drzewo
Nietypowy to ogrodnik
Zdarzyło się to wczesną wiosną
Przywiązał drzewo do ziemi
Żeby nigdy nie urosło
Ale czy to się jemu uda?
Bywają i takie cuda.

Niesłychane
To dopiero niesłychane
Modne są zęby drewniane
Najmocniejsze to dębowe
I najbardziej przebojowe
A i uśmiech jest bojowy
Twardy i podany nisko
Na dodatek zagrabisz rżysko
O zębach drewnianych to wszystko.

Wyjścia
Mamy dwa wyjścia
Być albo nie być
A od czego to zależy
Problem bycia czy niebycia?
Domyślam się zawczasu
Najzwyklej od czasu.

Udawać
Jak udawać milionera

Kiedy pusto jest na koncie?
Wstawić zęby rubinowe
I złoty kapelusz na głowę
Wziąć kredyt i na nic nie patrzeć
A ślady za sobą zatrzeć.

Posag
Dostać posag przypadkowo
Nie przypadkiem z ministerstwa
I pomyśleć na odchodne
Stało się najbardziej modne.

Pomysł nie całkiem szalony
To niecałe trzy miliony
Za karę na konto żony
Która już dawno odeszła
Jak spaliła złoty czajnik
I z kolesiem daje w palnik.

Spodziewać
Kto spodziewa się że umrze
Niby dlaczego i po co?
Jeszcze żeby w dzień w południe
I do tego późną nocą
Jeszcze się oblewać potem
Umieraj jak masz ochotę.

Życie
Życie to prawdziwy skarb
A lepiej jak nie kute w ciemnię

Niektórzy to to już na ziemi
Udzielają sobie premie
Ubierają się na wykwintnie
Tworzą prawa do rozpusty
Miejsca we wieczności dzielą
A językami mielą.

Dusze
Drzewa posiadają dusze
Jak każda żyjąca istota
A co tu jest tak oczywiste
Ich dusze są przezroczyste
I każda boskością błyszczy
A człowiek to wszystko niszczy.

Absurdy
Absurdy zdarzają się często
I we wszystkim bez wyjątku
Jeden taki najadł się mięsa
W dzień postny to znaczy przy piątku
A do tego nie kupione
Czy to będzie przebaczone?

Uciekł
Uciekł gościu spod łopaty
Nie będzie się odwoływać i pytać
I o sąd rąk swoich brudzić
Grabarz chciał go zasypać
Gość w tym momencie się obudził
A sytuacji wiary by nie dać

Pochować ciało a trumnę sprzedać
Ten spod łopaty się nie ukryje
Został wyjęty dlatego żyje.

Straszne
Straszne do nas czasy idą
Idzie spalić się ze wstydu
Jedni dyrdymały głoszą
I bogactwem się obnoszą.

Kradną i mataczą inni
A giną ludzie niewinni
Herezje perfidne przeboje
Do dobrego to nie idzie
I o to się tylko boję.

Stój kto idzie!
Był tylko jeden on sam
A powinno ich być dwóch
Ten pierwszy był uzbrojony
A był to nie lada zuch.

Stój kto idzie! Krzyczy pierwszy
Wygląda że ostrzega siebie
Nie wytrzymał gość nerwowo
Strzelił do tego kogo nie widział
Czyli do siebie i padł jak długi
I jest już w niebie.

Wyparł się
Nie do wiary taki przypał
Tak jeden się siebie samego wyparł
Paszport cisnął w jasny grom
Oświadczył że to nie jest on
A żona to też nie ona
Oznacza to fora ze dwora
Ale to jest normalnością
Bo dotyczy to znachora.

Rodowód
Na metryce napisane
Piesek rasy *wściekła bestia*
Ale to jest tylko jamnik
To zupełnie inna kwestia
Na tym się nie musisz znać
Z drugiej strony strach się bać.

Zakaz
Takie rzeczy żeby nawalać
Nie wolno się latem opalać
A tylko zimą na mrozie
Niezła reforma mój Boże
Przegłosowana dziś w Obejmie
Nie skorzystam dziękuję uprzejmie.

Nietypowe
Wojna jest wypowiedziana
Ogłosili to na scenie

Ale jest coś do dodania
Całkowity zakaz strzelania.

Różnica
Między plusem a minusem
Jak zauważyć różnice
U teściowej zrobić minusa
A u żony liczyć na plusa.

Nieładnie
Oj nieładnie oj nieładnie
Tak całować gdzie popadnie
I jeszcze nie swoją małżonkę
Teść na zięcia się zamierzył
Ale miał takiego zeza
W trzy sekundy sąsiad nie żył.

Sonda
Sonda w przestworzach się kiwa
Przez normalne niedopatrzenie
Pomylili benzynę ze spirytusem
Można nazwać to luksusem.

Dusza
Dusza w ciele się porusza
To jest sprawa oczywista
Gołym okiem niewidoczna
A naprawdę jest świetlista

Dużo ma do powiedzenia
I często poglądy zmienia.

Hobby
Mamy bardzo różne hobby
Niezwykłe aż do znudzenia
Nie opłaci się mieć hobby
Do nadmiernego jedzenia.

Fucha
Fucha to taka podpucha
Znaczy dodatkowa forsa
Czasem trafia się robota
Różna lepsza czasem gorsza
Ale zawsze się opłaci
Byleby tylko nie stracić.

Zajmie
Taki stara się jak może
Zajmie nie posiane zboże
Niekiedy teściową na chodzie
Nawet świętego z obrazka
A nawet sprzączkę od paska.

Wypracowany
Napracował się przez życie
A głód często mu doskwierał
Lecz wszystkiego nie dokończył

Wcześniej skończył.

Koledzy
Pokłócili się koledzy
Komu się należy w spadku
Dróżka często miedzą zwana
Po zmarłym rok temu dziadku.

Czasem wszystko się pochrzani
A poniekąd i z niewiedzy
Bo w tym miejscu była rzeka
Więc o co spierali się koledzy?

Ludzie
Ludzie to takie istoty
Prawdą jest nie do odparcia
Zdolni do kombinowania
Tylko osobno podobno.

Nie można się z prawdą mijać
Nauczyli się zabijać
Dziwne jest że potem w niebie
Przyjaźnie patrzą na siebie.

Lęk
Lęk inaczej zwany strachem
Mieszkając pod jednym dachem
Może coś głupio wydziwić
I buzię niekiedy wykrzywić.

Medale
Zakończyło się to zgagą
Odznaczyli kobietę nagą
A medale jej przypięli
Na cyckowe smukłe sutki
Nigdy by na to nie wpadli
Gdyby przewidzieli skutki.

Jeden
Jeden pan nie znosił śniegu
Najgorzej gdy ten sypał latem
Musiał torować drogę
Bo czekał na zapomogę.

Supeł
Supeł sam się nie zawiąże
A i nigdy nie rozsychle
A może by się przydało
Zarobić na takim pomyśle.

Czy się należy?
Trudno jest nieraz uwierzyć
Za co się może należeć
Co komu i ile?
Sprzeczały ze sobą się chwile.

Udawać
Udawać czasami głupiego
To wcale nie jest tak głupio
Czasy są niewybaczalne
Ludzie teraz wszystko kupią.

Wszystko jedno byleby
Nawet nie swoje potrzeby
Wodę w konewce bez tlenu
Nie ma problemu.

Ściema
Ktoś powiedział że jest ściema
Inny twierdzi że jej nie ma
A co to jest i ta ściema
Że raz jest a raz jej nie ma?

Kot
Kot posiada dobre geny
Ale jakie to nie wiemy
Dobre wtedy jak poliże
A złe jak czasem ugryzie.

Wykrakać
Zdarza się często wykrakać
Wydarzenia niebezpieczne
Ale prawdy tu są tylko ćwierci
I nie dotyczy to śmierci.

Super
Super dupa się trafiła
Ponoć towar super przedni
Ale nie na dyskotece
Ale w gminnej zwykłej rzeźni.

I niczyja jest tu wina
Gdzieś od Serafiny świnia
Super dupa na kotlety
W ramach diety.

Po
Zwykła bieda na urlopie
Przejechała się na jednym
Nie przysługiwało biednemu
Napić i najeść się do syta
Jak uciułał na flaszeczkę
To z głodu wyciągnął kopyta.

Niemądry czy duży
Zdarzyło się to po burzy
I do tej pory się kurzy
Ustalili gdzieś na górze
Że możesz być niemądrym lub dużym.

Można wybrać jedną opcję
I polecają adopcję
Nie skorzystałem z adopcji
Zostałem bez opcji.

Są i nie ma
Są na stołach dania wykwintne
Dobre wina i napoje pitne
I udziaki piekące się z rana
A obsługa anielsko ubrana.

Nie skorzystam bo jest mi głupio
Choć kuszony jestem przynętą
Mogę tylko o tym pomarzyć
Nie stać mnie nawet na kartę wstępu
Ktoś powiedział na takim rowerze
To sobie możesz zwykły frajerze.

Zmiany
Zmieniają się czasy
Z dobrych na jeszcze lepsze
Szkoda że nie dla wszystkich
Jeżeli chodzi o pensje.

Ale nie ma problemu
Dla wszystkich świeci słońce
Czy różnicą jest dostać całym kijem
Początkiem lub może końcem?

Czuć
Kto nie czuje ten nie żyje
Jak nie boli jest to samo
Czy aby świecić przykładem
To konieczne jest dynamo?

Policjant
Służyć w typowej policji
Paradować w berecie to mało
Trudniej jak się wydawało
Żeby przejść kwalifikacje.
Sam siebie musisz stłuc pałą
Mocno długo dobrodusznie
A zakończyć pałowanie
Wtedy kiedy tyłek spuchnie.

Szanować
Aby nerwy opanować
To siebie trzeba szanować
Mówić prawdę i nie kręcić
I za życia i po śmierci.

Ryba
Na ulicę wyszła ryba
Wystrojona w garniturze
Rybak aż stanął z wrażenia
Zrobił nawet oczy duże
W końcu domyślił się głuptak
To nie ryba tylko szczupak.

Szum
Zaszumiało wszystko naraz
Sosny leszczyny las cały

Dziwne bo nie było wiatru
Wierzby aż się rozpłakały.

Nie bić
Nie wolno uderzyć dziecka
Chociaż pani naubliżał
Mimo że znachora opluł
Małego psiaka poniżał.

Polepszyć humor
Żeby dziecko nie płakało
I humor jemu polepszyć
Jak nie pomoże perswazja
Nie bić ale dobrze wlepić
Paskiem a poprawić rózgą
Wtedy wody zejdą z mózgu
A dotrze to do dzieciaka
To prawda najprawdziwsza taka.

Pomysł
Pomysł może być sukcesem
A chodzi tu o przejście przez jezdnię
Przejechał babcię na pasach
A dostał tylko w zawiasach.

Po co zmieniać wciąż przepisy
I po jasną to bajerę?
Na krawędzi czerwonego światła
Ustawić budkę z bokserem.

Nie zatrzymał się kolega
Trzask i nic mu nie dolega.

Susze
To że katastrofalne są susze
Choćbym nie chciał przyznać muszę
A najgroźniejsze to te ranne
Zimny okład i chlup w wannę.

A temu to zakąski są winne
Kupa mięcha i niemała
A może to jednak gorzała
W końcu sprawa się wydała.

Nie bał się
Nie bał się niczego
Bo bać się nie umiał
Wszyscy mu tłumaczyli
Lecz on nie rozumiał.

I autko też nie rozumiało
Bania się ważności
I zakończył ten problem
 Z powodu szybkości.

Bez
To nie mogą być morały
Co nam popularność zwiększą
Ale może być jeszcze gorzej
Dopadną i oskubią może.

Potem
Co stać się może potem?
A co przedtem czego się nie chce
Ktoś się prześpi gdzieś pod płotem
Czekając na wolną sobotę.

Zabezpieczenie
Zabezpieczył się przed biedą
Po prostu zaczął pożyczać
I wpłacał to na procenty
Aż z radości głośno syczał.

Dorobił się niebawem
Zrobiono go nawet świętym
Ale tylko na obrazie
W każdym razie.

Super hero
Sam się nazwał super hero
Ale był bezwzględną sknerą
Bał się w piasek głowę chował
I często się atakował
Nocami przed sobą się krył
Sam nie wiedział kim on był.

Symbole
Nie łatwo być symbolem dla siebie

Patrząc na przestrzeni wieków
Wystarczy wejść do apteki
Przyjrzeć się na półce lekom.

Złote góry
Po co wydobywać złoto
Wiercić świdrem dziury w ziemi
Może lepiej trochę poczekać
Kiedy się dokładnie ściemni
W ramach relaksu po północy nie wcześniej
Wyśnić złote góry we śnie.

Sobowtór
Sobowtór to podobieństwo
Typowy świadek naoczny
Dlatego się go wcale nie boję
Bo to jest gość niewidoczny.

Rola
Moja rola we wszechświecie
Jest znikoma czy z pokryciem
Nic zatem nie pozostaje
Tylko się cieszyć życiem.

Niedorajda
Ciamajda i niedorajda
Posiadają wspólne cechy
Zarówno pierwszy i drugi

Nie mają z siebie pociechy.

Królować
Chcesz być królem może asem
Pomyśl o tym sobie czasem
Najlepiej nie czekać na cud
Ale wziąć pod uwagę lud.

Beknąć
Warto by na to coś rzeknąć
Ktoś powinien za to beknąć
Tylko beknąć z wyprzedzeniem
Po jedzeniu czy przed jedzeniem?

Ambicja
Jaką miarą ambicje się mierzy
A od czego to zależy wszystko
Czy koniecznie po to żeby być ambitnym
Trzeba postawić tytuł przed nazwisko?

Krytyka
Krytykować jest łatwiej
Czasami aż nadto głośno i bezczelnie
A jak siebie to już w ciszy
Najlepiej jak nikt nie słyszy.

Trud
Rzeczywistość bywa trudna
Pogmatwana nieraz brudna
Zdarza się nawet nijaka
Widocznie musi być taka.

Dusze
Dusze dla nas są niewidoczne
Ale same wszystko widzą
A dlatego tak się dzieje
Bo się często ciała wstydzą.

Pamięć
Co powinno się lepiej pamiętać
Dobre czy może złe rzeczy?
A co jest pomiędzy złem a dobrem
Coś najlepsze czy niedobre?

Wyjazd
W życiu to bywa różnie
Taki jeden wybrał się w próżnię
Wycieczka nie była najlepsza
Zapomniał zabrać powietrza.

Pretensję
Mieć pretensję o rencinę
Bo z reguły bywa małą

A dotyczy emeryta
A co jak listonosz nie dotrze
Bo w lipcu drogi zawiało.

Liczy się
Co się liczy w życiu najbardziej
Praca odpoczynek wypłata?
Ten co nie żyje to się nie martwi
Jemu to wszystko lata.

Żal
Żal na trzeźwo czy po wódce
O coś do kogo i po co?
Najlepiej to jest żałować we śnie nocą
Wtedy to się oczy nie pocą.

Zawód
Za wodą też są zawody
Na przykład przepłynąć plażę
Patrzeć na nagie szkielety
I smutkiem obleczone twarze.

Syty i głodny
Syty głodnego nie rozumie
A czy może być odwrotnie
Ten tego nie rozumie wtedy
Kogo to drugie nie dotknie.

Rzecz
Kto nie pozna się na rzeczy
To go bieda może skosić
A można temu zaradzić
Najlepiej upadłość ogłosić.

Kim być?
Jak już być to być kimś
Ale tak naprawdę to kim?
Ale kimś takim być
To się chwalić tylko czym?

Podpaść
Podpaść żeby się nie rozpaść
A później się bardzo zdziwić
Głupio jest coś postanowić
A później się temu sprzeciwić.

Melodia
Nie wszystko się da na pamięć zagrać
Do grania potrzebne są nuty
A czy do tańca się trzeba urodzić?
Uwaga na ciasne buty.

Wina
Taki jeden już był winien

Choć jeszcze się nie urodził
A już niewinnością się chwali
W końcu się na nim poznali.

Charaktery
Charaktery się zmieniają
A winna jest temu wypłata
Ożenił się z prostą kobietą
Oglądał ją przed ślubem z przodu
Ale z tyłu była garbata.

Idealnie
Idealnie to znaczy jak?
Prosto krzywo czy na luzie?
Czasem lepiej zastopować
I po prostu zamknąć buzię.

Cień
Chciałem sprawę tę nadmienić
Jedna osoba pięć cieni
A jeszcze w zapasie dwa cienie
Pokrzywiło się myślenie.

Czaić się
Koń zaczaił się na wieloryba
Czy to prawda może chyba?
Oj zrobił to chyba pochopnie
Bo wszystko się stało odwrotnie.

Na Milusi
Na Milusi nikt nic nie musi
Wystarczy tam tylko być
Uwaga na osy i motyle
O byciu na Milusi to tyle.

Zamienił się w słuch
Sztuką jest w słuch się zamienić
Jeszcze gorzej się ożenić
I do tego z obcą kobietą
Na samą myśl robi się nie to.

Gryzonie
Gryzonie nie znoszą otrąb
Można by tą drogą iść
Ale tylko w tym przypadku
Gdy nie mają czego gryźć.

Noe i Arka
Noe zbudował Arkę
Bo wody było nad miarkę
Jakby miał wtedy słabe wypłaty
To do tej pory by spłacał raty.

Taki to
Taki to zamiast mówić co łaska
Patrzy się w oczy i głośno mlaska
A do tego głową kręci
Żeby do zrzutki zachęcić.

Na co liczyć?
Na co liczyć i na kogo?
Że nam z nieba zrzucą mannę?
Ożenił się ze szczuplutką kobietą
Co się nie mieściła w wannę.

Do
Do całusów służą usta
Całowanie nie jest grzechem
Jeden to czy mądry był?
Zamiast w przód całował w tył.

Służba ziemi
Ziemia służy znaczy rodzi
Fajnie tak po piasku chodzić
Nigdy z prawdą się nie mija
Skłamiesz to w piasek zawija.

Zostać
Żeby zostać generałem
Niekoniecznie na obczyźnie

Noga może się poślizgnąć
I można nie zdążyć gwizdnąć.

Uważać
Ze śmiercią trzeba uważać
Bo jest sprytna niczym sknera
Nie odpuści nawet wtedy
Gdy cię na wymioty zbiera.

Zakręcił
Jeden taki zakręcił gitarę
Aż pękły mu majtki od gumy
I spodnie mu spadły od pasa
Czy to aby jest powód do dumy?

Jak
Jak należy się zachować
Kiedy bardzo boli głowa
Łyknąć proszki czy pogryźć żyletkę
A może przechylić setkę?

Nie ustąpił
Był zawzięty nie ustąpił
Nie chciał umrzeć i nie wątpił
I ze śmiercią nie chciał gadać
Umrze jak przestanie padać
Grzmiało i potwornie wiało
Nie umarł bo nie padało.

Zrozumieć
Głupi mądrego zrozumie
A bo co mu tam zależy
Jak się ma zachować mądry?
Czy do końca w to uwierzy?

Trochę
Dużo trochę i malutko
Dostało się krasnoludkom
Brak szacunku i litości
Nowy podatek od maleńkości.

Wkurzył się
Lew się wkurzył na pustyni
Teraz to już bez znaczenia
Zamiast gonić młode małpy
Poszedł na wódkę do knajpy.

Nie dolazł
Ojciec wrócił na dzień trzeci
Patrzy w domu nie ma dzieci
Klnie po cichu jest zdziwiony
Szkoda bo pomylił domy.

Głośność
Niewiadomy we śnie wrzeszczał
Bluźnił na całą Europę
Żona prosi   przestań człeku
Nie posłuchał dostał mopem.

Róbcie swoje
Uważajcie nietoperze
W jesienne ciemne noce
Noktowizory działają
Leśniczy się udał po proce.

Skarga
Koń poskarżył się przed klaczą
Dostał batem nie wie za co
A to szósty raz w tym roku
Wkurzył wyrzekł się obroku.

Gra
Czy rugby jest grą przyjazną?
Te częste spotkania z ziemią
Niestety brakuje oddechu
A nie jest to wcale do śmiechu.

I tu i tu
Tak się dzieje w czasie snu
Jestem tam i nagle tu

Raz bogaty raz ubogi
Ale co tam robią rogi.

Spece
Specjaliści od rozróby
Urządzają różne hece
Umywają potem ręce
I nie pojawiają się więcej.

Asy
Dziwne nastały czasy
Stworzyły się niepokoje
Dzisiaj jesteś majętny
Jutro może być nie twoje.

Rodzaje myśli
Czy ktoś pomyślał jak się myśli tworzą?
Widać tu działalność bożą
Zakodowane w przestrzeni
Nic nie może tego zmienić.

Rób coś
I na dole i na górze
Nie zapomnieć o kulturze
I o szacunku do siebie
Oglądając się za siebie.

Wczoraj
Zdarzają się rzeczy dziwne
Że nie przychodzi do główki
Na kliszy po prześwietleniu
Zamiast kamieni cegłówki.

Nie kłam
Krótko mówiąc i basta
Cuda robią ludzie z miasta
Bo ci ze wsi są zajęci
I tylko próbują kręcić.

Nie będzie
Nigdy nie będzie jak być powinno
Bo nie pozwala na to czas
Najpierw musi ogień się spalić
Żeby mógł się zająć las.

Przyjemność
Przyjemnie jest liczyć pieniądze
Każdy tak myśli sądzę
Ale jest bardziej korzystnie
Gdy liczy się własne pieniądze.

Kultura
Z kulturą liczyć się trzeba
Na co dzień i o każdym czasie

Ale niestety znika kultura
Nawet u znachora w kasie.

A niech tam
A niech tam się dorabiają
I tak później wszystko stracą
Kiedy bóle ich przyskrzynią
Zejść ze świata będzie głupio.

Pamięć
Życie jest mydlaną bańką
Jak zdarzenie nietypowe
Może się zupełnie zmienić
Po jednym literku na głowę.

Zmiany
Zmiany są modne na czasie
Chociaż nie wszystko zmienić da się
A jeżeli już chodzi o forsę
To może się zmienić na gorsze.

Non stop
Wydaje się że żyjemy
Non stop bez przerwy
Sterowani przez siły nieznane
Jesteśmy z tego bardzo dumni
Często mamy przerąbane.

Dogonić
Komu może zależeć na czasie
I do tego mieć nadzieję
Ale co się z nami stanie
Kiedy czas się zestarzeje?

Odbija
Odbić może o każdej porze
To nie jest już nowość żadna
Ale nic tu nie pomoże
Jeżeli odbije palma.

Historia
Zgodnie z pewną przepowiednią
Pozbędziemy się problemu
Płuca przestają oddychać
Z braku potrzebnego tlenu
Z możliwością niejedzenia
Za to z prawem do ganienia.

Korki w miastach
Korki w miastach coraz częstsze
A powietrze jeszcze gęstsze
I trudniej jest teraz oddychać
Dlatego złe słowa słychać
A na przykład coś ktoś urwał
Albo komuś tam nie pasi
Machnąć ręką sami nasi.

Dąsać się
Nie dąsaj się z byle powodu
Bo tyle jest przy tym zachodu
Buzia robi się kanciasta
I radość nagle wygasa.

Ideał
Byłem kiedyś ideałem
Ale o tym nie wiedziałem
Skąd to wiem teraz ba
Na pewniaka byłem to ja.

Rozmowa
Rozmawiam często ze sobą
O tym i owym o trudzie i pocie
A nieraz czasu za mało
I nie nadążam mijam się w locie.

Kręci
Czas się kręci bez pamięci
W powietrzu w domu na miedzy
Tak po prostu od niechcenia
I nie mówi do widzenia.

Śnieg
Śnieg jest biały to wiadomo
Chociaż nie jest malowany
Spada w odpowiednim czasie
A powstrzymać go nie da się.

Wyleczyć z biedy
Bieda jest choroby formą
I nie dotyczy bogatych
Ktoś ma pomysł gdzie i kiedy
Wyleczyć się z takiej biedy?

Dzień
Dzień tak ostry jak żyleta
Na śniadanie bimbru seta
A na obiad skrzynka piwa
A wieczorem dzień się kiwa.

Zostało
Co nam zostało psia jego mać?
Czego się nie bać a czego się bać
Na wypadek własnej śmierci
Przedtem pół litra przekręcić.

Zauważyć
Nie da się nie zauważyć
Ale może się tak zdarzyć

Zamiast w prawo na lewo skręcić
Z powodu zaniku pamięci.

Zakup
Ktoś tam kiedyś się wygłupił
Nie pomyślał biedę kupił
A teraz się o tym przekonał
Jak złego zakupu dokonał.

Rozpacz
Nie rozpaczaj z byle powodu
Za starego czy za młodu
A na baczność śpiewaj hymn
I nie martw się byle czym.

Post
Post to inaczej zmniejszyć jedzenie
A z tym wiąże się natchnienie
I kasa zostaje w portfelu
Przekonało się o tym wielu.

Prawda
Prawdę mówię słuchaj waści
Umrzeć to się nie opłaci
Lepiej wypić za swoje zdrowie
Niż tracić na pogotowie.

Lew
Lew się wściekł na dinozaura
A to było już przegięcie
Była to robota słonia
Zrobił lwa wściekłego w konia.

Areszt
Nikogo to nie obchodzi zresztą
Wsadzić wszystkich do aresztu
Zamurować zakneblować
Nie dać jeść i spokój mieć.

Są
Są w gorzałce różne związki i chemiczne i fizyczne
Wykonują obowiązki i działania idiotyczne
Z powodu takich wyników
Można zasnąć na trawniku.

Coraz bliżej
Coraz bliżej świata końca
Ziemia robi się gorąca
Niedługo bezwzględne atomy
Rozwalą przyrodę i domy.

Zmowa
Tyle o tym było mowy
Ale czapka nie spadła z głowy

To był cwaniak znakomity
Nietykalny bo czasowy
Napisano to w ustawie
Legalnie i jest na prawie.

Chwile
Chciałbym wszystkim i sobie życzyć
Na wszystko co dobre przystawać
Żyć prawdziwie a nie udawać.

Teraz
Pomyśleć tak może nie raz
Co się stać może tu i teraz
Co może dogłębnie wzruszy
Więc słucham nadstawiam uszy.

Chciwość
Szachrajstwo jest to forma obłędu
Przedtem brali fiskaliści
A następnie fanatycy
Teraz pożyczają sprawiedliwi na niby
I to bez żadnej przerwy
Komuś kiedyś puszczą nerwy.

Nie orze
Szatan nie orze nie sieje
Wprost przeciwnie niszczy łany
Widać to na przestrzeni wieków

Jak świat jest porysowany.

Gdybać
Tak czy siak szczupak czy ryba
Co to będzie rybak gdyba
A dowiedział się nieprędko
Wieloryb połknął go z wędką.

Kto chce
Kto zechce a kto nie zechce
Co robić jak nic się nie chce?
Pracować odpoczywać spać
Najgorzej to nie chce się bać.

Porównanie
Nikt nie może nakazywać
A niektórzy robią łaskę
Zaraz po urodzeniu
Rodzice kupili mu laskę
Ot tak na wszelki wypadek
Jak przyjdzie się kiedyś zestarzeć.

Pytania
Zdarzają się proste problemy
A często trafiają się złożone
Gość jeden tego doświadczył
I sam się sobie oświadczył.

Charaktery
Są różnice w charakterach
Czasami o duże stopnie
Charakter to można mieć niezły
A uwierzyć gdy się go dotknie.

Opętanie
Kogoś opętały duchy
Wgniotły go w dużą pierzynę
Męczyły aż całą dobę
I dodatkowo godzinę
Po interwencji teściowej
O straszeniu nie ma mowy.

Koniec świata
Koniec świata ma nastąpić
W czwartek po drugiej niedzieli
Jakiś obiekt gdzieś z kosmosu
W naszą ziemię z góry strzeli
Nie będzie się już o co spierać
I po tym wszystkim pozbierać.

Tradycja
Co tradycją można nazwać
Tak ot na zawołanie?
Tłusta kiszka na zagrychę
Oczywiście polewanie.

Kto rządzi
Nikt tak naprawdę nie rządzi światem
Tylko wyłącznie sam Bóg
Świat sam z siebie istnieje
I za siebie odpowiada
A czyni co mu wypada.

Jak w banku
Niezłą było to przesłanką
Należy wpłacać do banku
Ale tylko pieniądze nie swoje jedynie
I czekać aż kryzys minie.

Żałoba
Po koniu żałoba dwa lata
A rok jak pochował brata
A po teściowej trudy
Polewanie dużej wódy
W końcu wezwano policję
Takie są dzisiaj tradycje.

Wynalazek
Opatentował swój wynalazek
Coś co wiązało się z gazem
Ale wynikało ze zdjęcia
Że to na skutek kichnięcia.

Kradzież
Poszedł na bezczelny układ
Zięć własną teściową ukradł
Żona dała tę przynętę
Chodziło o wysoką rentę.

Stul pysk
Stul pysk rzekła żona do męża
Dość leżenia załatwiłam ci pracę
W tą niedzielę po południu
Chodzącemu zwiniesz talerz
Może to pomysł szalony
A nie zgrzeszysz bo to dla żony.

Gdzie?
Gdzie się ukryć jak strzelają?
Nawet nie ma gdzie łba wystawić
Ale może lepiej będzie
Dostać kulę i się zbawić.

Żarty
Ze złem lepiej nie żartować
Lepiej ukryć się w komorze
Niech kusi kogo tam zechce
Nawet i świnie w oborze.

Słaby pomysł
Ktoś wyspowiadał kobietę
Stwierdził że ma grzechy bezdetne
Na to mąż się rozindyczył
I znachor schody zaliczył.

Nie daj
Nie dawaj więcej niż potrzeba
Bo zamkną ci niebo pod nosem
A w tym jest twoja zasługa
Lista grzechów jest bardzo długa.

O co chodzi
O coś poszło w tym kantorku
Ktoś znalazł worku marychę
I zrobiło się wesoło
Zapachniało naokoło.

Kiedyś
Kiedyś to było inaczej
Nie tak jak teraz na opak
Przed ślubem znachor rozgrzeszał dziewicę
A dopiero później chłopak.

Klisza
Ktoś tam się prześwietlić nie dał
Chciał ukryć bo płuca sprzedał

I dwie nerki gdzieś na lewo
Nietypowo na przynętę
Aby mógł otrzymać rentę.

Kto to słyszał
Nie widział nie słyszał nie czuł
Ale doniósł na sąsiada
I jeszcze rozkłada pasjanse
Bo dostał ostatnią szansę.

Chować się
Ktoś kto chowa się przed losem
Wierzy że wszystko się uda
Sam sobie ustala zdarzenia
I dla siebie czyni cuda
Sam siebie z grzechów spowiada
Wtedy wszystko mu się dobrze układa.

Poszło o
Kto być winien powinien?
A o co tak naprawdę chodziło?
Poszło o coś podobno
Co się nie wydarzyło.

Mech
Przez pulchny mech nie żyje
Duży wilk w niewielkim lesie
Po prostu trafił na niewypał

Aż szkoda że się cały rozsypał.

O tętnie
Coś o tętnie bardzo ważne
Sprawa jest nieobojętna
Radzę udać się do lekarza
W lodówce nie szukać tętna.

Przeprosić
Można nieraz głupio podpaść
Przeprosić a później okraść
A może lepiej odwrotnie
Nie zrozumie ten kogo to nie dotknie.

Bunt
Taki jeden się zbuntował
I mądrość do sejfu schował
Ale w sejfie nie było dna
I się teraz głupio ma.

Korek
Ktoś we wtorek wymyślił korek
Jeszcze wcześniej niż butelkę
A było to dawno temu
I wydarzenie nie byle jakie
A ten co to wymyślił
Był bardzo mądrym chłopakiem.

Horror
Ktoś tam twierdził że horror
To wymyślił słynny Zorro
Przed potopem psia go mać
A dlatego żeby się bać.

Bezskutecznie
Dzwon rozdzwonił się na dobre
Zwykle wiernych na modły woła
Zgromadzili się na placu
Ale nie było wieży
Znachor sprzedał ten budynek
Nawiał i pod płotem leży.

Bez
Bez przyczyny nie ma winy
A czy winny jest niewinny?
Dzień roboczy jest bez przerwy
A mówią że 24 godzinny.

Nie ma
W morzu śledzi nie odkryto
Dowiedział się pewien król
Kazał natychmiast poddanym
Wsypać do morza sól
Czy to prawda bym w to wątpił
Kto mądry by tak postąpił?

Zamknęło mowę
Kiedyś jednemu zamknęło mowę
Wcisnęli mu na ratę teściową
Ale żony nie było w umowie
Co zrobił taki niemowa?
Po prostu odszedł bez słowa.

Bieda
Taki jeden napytał biedy
Lecz nie wiedział jakiej
I wtedy to było skutek straszny
Bo gdy idzie do przodu
To wydaje mu się że idzie do tyłu
To już się opisać nie da
Oj co wyrabia ta bieda.

Rym
Pewien rym wymyślił dym
A dlatego tak się stało
Bo powietrze było czyste
A myślenie przezroczyste.

Co robi świnia?
Co robi świnia po alkoholu?
Pewnie narzeka że łeb ją boli
Może się wścieka i pluje mlekiem
Gdy się okaże że jest człowiekiem.

Specjaliści
Specjaliści od robienia dymu
Przyjechali dzisiaj z Bremu
I rzucili klątwę na kraje
To prawda czy się tak tylko wydaje?

Sposób
Trzeba się często uśmiechać
Bo nie ma innego sposobu
Uśmiechać się tutaj za życia
A śmiechu nie zabierać do grobu.

My wszyscy
My wszyscy mieszkańcy tej ziemi
Budzimy się witamy poranek
Czekamy aż wieczór przyjdzie
I zawsze coś z tego wyjdzie.

Uczyć się
Uczyć się przez długie życie
Z pełnego przelewać w puste
Dobierać starannie słowa
By myśli nie były puste
A jeszcze wierzyć w cuda
Nie zawsze to się uda.

Dzwonił
Wyjechał za granicę
Bardzo daleko od domu
Codziennie dzwonił do żony
Chociaż nie miał telefonu.

Szybka jazda
Szybka jazda samochodem
Może skończyć się rozwodem
Nie tylko z żoną ale ze światem
Więc jedź normalnie nie bądź wariatem.

W garści
Mieć się w garści z taką opcją
To panować nad emocjami
Patrzeć na pewne sprawy rozumnie
Ale nie każdy tak umie.

Zmiany
Świat się zmienia sprawy bledną
Niektórym jest wszystko jedno
A ci niby wielkie zuchy
Dbają wyłącznie o własne brzuchy
I wciskają bzdurne słowa
Aż od tego puchnie głowa.

Pukać
Drzwi nie będzie musisz pukać
W nadziei że ci otworzą
Zapytają po coś przyszedł
Może nawet ci dołożą.

A być może nawet ujmą
I zrobi się zaraz raźniej
Trochę w twojej wyobraźni
Mieć nadzieję to jest ważne.

Po
Po sześćdziesiątce nowa puenta
Emerytura być może renta
Życie się zbliża bardziej do schyłku
Sport zaniedbujesz brzydzisz się piłką.

Wcź w garść się proszę zastosuj dietę
Chodź na spacery a te z leżeniem zostaw numery.

Wąż
Ktoś wpuścił węża do Raju
O piątej z samego rana
Powinien wstydzić się tego
Ewa jeszcze nie była ubrana
I wtedy powstał śmiertelny grzech
Przypadkowo taki pech.

Srebrniki
Srebrniki czy złotniki
Czy to nie jest wszystko jedno?
A na widok góry złota
Niektórym aż lica blednią
A co jest nie najłaskawsze
To zdarza się zblednąć na zawsze.

Burak
Dlaczego buraki są czerwone
A kapusta jest zielona?
Ponieważ burak był zuchem
Władał sierpem i obuchem
Lubił popić i pogwarzyć
Szanował dobrą robotę
Jest czerwony nie z przypadku
Bo to otrzymał po dziadku.

Co by to było?
Co to było
Jakby to się miało?
Żeby nie bolało
Jakby życie wyglądało
A co na to lekarze?
Czas pokaże.

Za mną
Za mną nikt się nie ujmie
I dlatego tak się wstydzę

A dlaczego choć mam oczy
A naprawdę nic nie widzę.

Wkurzyć się
Deszcz się zląkł i przestał padać
Wiatru nie ma piszczy w trawie
Strach wróciły dinozaury
To już koniec po zabawie.

Tryby
Taki jeden kość obgryzał
W rozmyślaniach się zagłębił
I się stało to nieszczęście
Przednie ząbeczki wyszczerbił
W lusterko zerknął na niby
I wtedy powstały tryby.

Zgubiła się
Osa się zgubiła w tłumie
A nie każdy to zrozumie
Bzyka bo o drogę pyta
I często bywa zabita.

Rodzina
Rodzina to tata i mama
Babcia dziadek i dzieci i wnuczki
Ale to jeszcze nie wszyscy
Jamnik rottweiler i kotki dwa

Rodzinka w komplecie i dobrze się ma.

Demokracja
Demokracja nie istnieje
To są tylko słowa puste
Zając się o tym przekonał
Sam zasiał własną kapustę
Gdy spróbował przez przypadek
Został postrzelony w zadek.

Kto wymyślił?
Muzykę wymyślił gość
Który miał teściowej dość
Potem sprawa się wydała
By teściowa nie brzęczała.

Komu się wiedzie
Komu się wiedzie czy nie wiedzie
Czy od niego to zależy całkowicie?
Musi się niestety z tym pogodzić
Takie jest życie.

Niemoralność
Nietypowo nienormalny
A do czego to pasuje
Może to jednak niecnota
Co niektórych mądrych psuje
A jak się wyrazić ściśle

Widać wady na umyśle.

Barykady
Takie zwykłe barykady
Budują tylko wkurzeni
Ktoś im każe walczyć o coś
Giną i się ich odznacza
To poniekąd taka praca.

Wydaje się
Wydaje się często i gęsto
Jak ważne w życiu sprawy przelecą
Taki jeden żeby się ożenić
Sto lat szukał dziewicy ze świecą.

Rada
Nie psuj dnia upiornym gniewem
Do roboty idź ze śpiewem
A w czwartek dobry człowieku
Uśmiechnij się w stronę czeku.

Zdrowie
Zdrowie jest najważniejsze
Przede wszystkim w pierwszym rzędzie
Jeśli czujesz się normalnie
To jest fajnie w każdym względzie.

Dwie opcje
Dwie kiedyś opcje się starły
Pożarł się żywy ze zmarłym
Jakby temu winę dać
To umarły nie chciał wstać
I to na rozkazy szefa
Ktoś tu miał niezłego pecha.

Smok
Malarz namalował smoka
Prawie żywego dokładnie
Z pyska wystające kły
W paszczy gorejące głownie
Na plecach ogromne garby
A nie namalował dołu
Bo mu nie wystarczyło farby.

Ona
Marchewka to rodzaj
Męski żeński czy nijaki?
Chcesz się dowiedzieć zapytaj zająca
Jeśli to sprawa taka nagląca.

Terroryści
Terroryści to my sami
Tylko się nie przyznajemy
Udzielamy się wulgarnie
Walczymy między sobą jak hieny
A o co o zwyczajną sławę

To ciekawe.

Rola pola
Rola dotyczy pola
A pole dotyczy roli
Konia to nie stresuje
I go to wcale nie boli
A gospodarz z tego żyje
I wcale się z tym nie kryje.

Uda się czy nie
Uda się czy się nie uda?
Proszę zawsze pytam siebie
Chciałbym też być
Jak wszyscy na swoim pogrzebie
A przyszło tylko się żalić
Ktoś inny ma mnie pochwalić
To będzie lepiej się spalić.

Męczyć się
Podołać obowiązkom
Ślęczeć nad książką do północy
Źle spać w nocy
Albo w ogóle nie spać
Nie zaczynać a przestać
Naprawiać i robić błędy
A jak iść to którędy.

Ten czas
Czas stoi w miejscu
Nikt nie umrze i się nie urodzi
Tak już zostanie ciekawie
I po sprawie.

Emocje
Na emocje są promocje
Ten wie co je przeżywał
Rządzący zjadają golonki
A robol poluje na stonki.

Upadek
Czarci ten stan wojenny nadali
Upadły aż dwa systemy
Nie powstała nowa epoka
Mus uciekać gdzie pieprz rośnie w podskokach
A co dalej to nie wiemy.

Wiesz czy nie wiesz
Wiesz to dobrze ktoś powiedział
Nie wiesz lepiej żebyś wiedział
Nie masz forsy a przeskrobiesz
Będziesz siedział żebyś wiedział.

Dwie strony
Medal posiada dwie strony

Na jednej jest twarz Cezara
Na drugiej jego kot i pies
Nie musi ale jest.

Piaskiem po oczach
Założono od przedszkola
W programie jest coś na mole
A wygląda to nie fajnie
Dla niektórych to zwyczajne.

Stworzył
Jeden taki pomieszany
Stworzył w nocy dwa programy
Ale jeden nie wytrzymał
I nad ranem go wydymał.

Super moce
Czy super moce istnieją?
A jak tak to czy się liczą?
Kto to słyszał strzelać do wróbli
I użyć procę przeciwlotniczą.

Założenia
Trzeba już naprawdę podpaść
Kazać biednego okraść
Tylko z czego ten nic nie ma
Ale to sprawy nie zmienia
Bo takie są założenia.

Niewola
Niewolnictwo jest na czasie
To nie powód by się cieszyć
Dopóki tanie są sznurki
Można się zdążyć powiesić.

Nie pojmie
Są zdarzenia nie do pojęcia
Na rozwiązanie nie ma sposobu
Co osiągnęliśmy na ziemi
Nie zabierzemy do grobu.

Co się kryje?
Co się kryje pod sojuszem?
Nic ważnego stwierdzić muszę
To jest lipa i zwyczajna
Przewodnicy i kowboje
Robią ogromne machloje
A wynika jawnie z tego
Kasa lecz nie dla każdego.

Nie unikniemy zagłady
Nie unikniemy zagłady
Na nic rady i układy
Ludzi przybywa na ziemi więcej
Co niektórych świerzbią ręce
Licznym zmąciło w głowie

Czas przyjdzie i swoje powie.

Spory
Spory trwają w najlepsze
O ziemię wodę powietrze
O jedzenie buty swetry
Bywa że nawet o getry
Czasami o coś na żółto
Byleby tylko nie puchło.

Za
Za Prezesa Piąta i Pierwsza
Miała z Egiptem układy
Panowie ciągle radzili muzycznie
A tyrali tylko dziady
A obecnie jest prawie to samo
Wypadło poczekać za bramą.

Zziębła
Babcia na kość prawie zziębła
Dziadek z baru wrócił rano
Jak pozdrowił zziębłą babcię
Ta upadła na posadzkę.

I niestety tak się stało
Prawdy nie ukryje
Babcia zziębła jeszcze bardziej
A dziadek nie żyje.

Męczeństwo
Do męczeństwa trzeba dojrzeć
I innych zachęcić
Ale pod jednym warunkiem
Pół litra przekręcić.

Każdy może to uczynić
I lepiej się zbawić
Nabyć w sklepie nową flaszkę
I jeszcze poprawić.

Noc przebiegła nawet fajnie
Pachniało nocnikiem
Ale rano bóle straszne
Jesteś męczennikiem.

Zostaw
      Niezdarna rybko won od haczyka
Rzekł rybak wkurzony
      Ten robak jest dla innej rybki przeznaczony
Kto by pomyślał że w łowienia ryby
Robi się wyjątki
Dobrze że ta zasada obowiązuje w piątki.

Zmalał
Zmalał i łzami się zalał
W wodzie stoi aż po pięty
Dwa dni nie pije i ciągle tyje
I nie za swoje i nie za czyje.

Demokracje
Jeżeli chodzi o demokrację
W temacie tym każdy ma rację
Można wszystko sponiewierać
Beztrosko do siebie strzelać
Takie wprowadza prawa
Co niektórym duże brawa.

Zakazy
Czas nie czai się a goni
Należałoby wprowadzić zakaz używania broni
Niezły pomysł wojnę się ma
Ale ofiar w ludziach nie ma.

Potem
Nic się nie dzieje
Ale co będzie potem?
Między młotem a kowadłem
Trochę się boję a może komuś podpadłem.

Co ratować
Można się nagłówkować
Kogo pierwszego ratować
Teściową co płonie jak pochodnia
Czy dolać oliwy do ognia?

Po odpuście
Pewien zając po odpuście
Przypadkiem usnął w kapuście
Jak liszki odgryzły mu uszy
To jeszcze bardziej się wzruszył.

Mocny
Mocny był kiedyś teraz jest słaby
A to sprawiły te obce panie
To coś gorszego niż swoja mafia
I szlag go trafia.

Nazwać grzechem
Grzechem nazwać gdzieś aferę
Kiedy grzechu nigdy nie ma
Co nieraz wymyśla znachor
Wyszło na jaw i to wkrótce
Bo wygadał się przy wódce.

Wprowadzili
Wprowadzili obostrzenia
A to nie jest już pociecha
Nie można się od teraz rozwieść
Nie można nawet mieć pecha
Nawet poluzować paska
Na zbiórkę już nie co łaska
Głowy nie możesz schować do piasku
Broń Boże dostać w zawiasach
Być przejechany na pasach

Mieć własnego życiorysu
Nawet pola do popisu
Bez zgody rządzących z Kaprysu.

Rób swoje
Cierpienie to strata duszy części
Dzieli się na dwie części
Wynikać to może z głodu
Z braku wzwodu czy rozwodu
Brać pod uwagę wyskoki
I inne rzeczy bez zwłoki.

Na czym polega
Zastanawiam się coraz częściej
Na czym polega szczęście
Na dobrym zdrowiu miłości i kasie
I na czym tylko co da się.

Spróbuj
Spróbuj tak sobie ubliżyć
A jeszcze gorzej poniżyć
Inteligencję swoją sponiewierać
Ciągle się o coś ze sobą spierać
Jeszcze gorzej cudzołożyć
A na koniec w pysk sobie przyłożyć.

Powołanie
Powołany na człowieka

Urodził się nie z przypadku
Posiada cechy po ojcu i dziadku
Powołany do dobrych rzeczy
Ale rzeczywistość przeczy.

Wstrząsy
Zdarzają się życiowe wstrząsy
Babcia zapuściła wąsy
Dziadek dziecko adoptował
Teściowa zięcia udaje
Zięć samego siebie łaje
Ktoś tam szuka rozgrzeszenia
I podatek od zbawienia
Tyle jeszcze do zrobienia.

Pomyłka
O pomyłkę jest nietrudno
Ktoś uśmiechnie się na brudno
A powinien był na czysto
To jest sprawą oczywistą.

O swoje
O swoje walczyć nie trzeba
Trzeba tylko tego chcieć
Nie jest sztuką guza szukać
I nie próbuj udowodnić
Że sam siebie możesz zapłodnić.

Krew
W szpitalu się pomylili
Krew choremu przetoczyli
Zieloną a nie czerwoną
A co najbardziej ciekawe
Na śniadanie dostał trawę.

Mądrość
Ktoś kiedyś stwierdził od góry
Że jajko jest głupsze od kury
Bo w tym się udzielał kogut
A wiadomo jaki powód.

Los
Od losu zależy wszystko
Zdrowie praca i pieniądze
Czy można wygrać los na loterii
Nie grając znudzony zając.

Układanka
Układanka spraw codziennych
Ciekawych miłych i zmiennych
W jedną całość tak się ma
Życzę wesołego dnia.

Widział
Twierdził że widział duszę własną

A to trwało tylko chwilę
Ona spojrzała mu w oczy
I rzekła   jesteś motylem.

Na ten głosik aż zasarkał
I po prostu się usmarkał
Więc podała mu chusteczkę
Żeby utarł nosa troszeczkę.

To już
To już się nie wydaje
To jest prawie pewne
Trzecia wojna nie jest bujdą
Ludzie na swoje życzenie
Ot tak po prostu w dal pójdą.

Być aniołem
Być aniołem na ziemi to głupio
Złapią zwiążą i oskubią
A taki aniołek bogaty
Musi teraz spłacać raty.

Jak wygląda
Czy szatan wygląda poważnie
Czy śmiesznie a może bojowo?
Ale ktoś sponsoruje to złe nasienie
Coś takiego skąd takie zdziwienie?

Kupić czas
Kupić czas a po co i za ile?
A potem go sprzedać za chwilę
I dobry uczynek zrobić
A jeszcze przy tym zarobić.

Co mamy
Co mamy do stracenia a co do zyskania?
Może by jednak coś zmienić?
Najpierw odejść w dal siną
A dopiero się potem ożenić.

Blew
Blew to jest prawda od tyłu
To niby jest ale tego nie było
A jak będzie to się okaże
A może się już wydarzyło albo nie
Któż to wie.

Swój i obcy
Swojego męża nie lubi
Ale obcego odwrotnie
A to niby dlaczego?
Bo obcy w czulsze miejsca dotknie.

Mydlenie
Mydlenie związane jest z myciem

Zjawisko czysto fizycznie
Ale jakby się zagłębić
To jest jeszcze polityczne
I często się nawet opłaca
Można nawet nabyć kaca.

Lata
Lata lecą film ucieka
Na kliszy powstają skazy
Z pościeli nogi się zwleka
Oczy mgłą zachodzą czasem
Głosik cienki jak u dziecka
Gość wygląda na zapiecka.

Ukrył się
Hrabia schował się przed czasem
Na zegarze wciąż dwunasta
Do lusterka nie zaglądał
I przez okno nie wyglądał
A na pukania nie zważał
Myślicie że się zestarzał?

Udowodnić
Zawodnik jeden się uparł
Koniecznie chciał udowodnić
Że można biegnącą dziewuchę
W biegu maratońskim zapłodnić.

Prawie mu to się udało
Ale trochę pokićkało

Nie do końca i pobieżnie
Uderzył końcówką o bieżnię.

Myśliciel
Myślał pisał kombinował
I na czysto i na brudno
A w żołądku są zamieszki
I z jedzenia powstają resztki.

Kopernik
Kopernik był bardzo mądry
Znaczy że nie bity w ciemię
Najpierw zatrzymał słońce
A później poruszył ziemię.

Cynk
Nostradamus dostał cynk
Kiedy będzie koniec świata
I ma trwać aż dwie sekundy
Niczym uderzenie bata
A kiedy to się dokona?
To wszystko zależy od konia.

Zawiedzenie
Maryna się strasznie zawiodła
Wczoraj pszczoła ją ubodła
A i o co tu się dąsać
Lepiej ubóść niż pokąsać.

Zadanie
Dwa plus dwa to już zadanie
Kim ja jestem to pytanie
A odpowiedź skryta w jednym
Lepiej mądrym być czy biednym.

Kłamał
Koleś ten kłamał bez przerwy
Nawet siebie nie oszczędził
Szpec postanowił mu pomóc
Wszystkie zło z niego wypędził
Ale wróciło z powrotem
Bo szpec ten zepsuł robotę.

Pewna dama
Pewna bardzo mądra dama
Ponoć wymyśliła sama
Odkręciła sobie koła
Chciała sprawdzić jak doda gazu
Czy zakręcą się od razu
To jest proste i nie blew
Smutny śpiew.

Bieg myśli
Myśli biegną bardzo szybko
Szybciej niż ziemia na orbicie
Można sobie pogiąć serce

I do końca być w rozterce.

Należy
Sen każdemu się należy
Każdy ma do tego prawo
Ale czy warto uprawiać sen
Pod zmurszałą w lesie trawą?

Koń
Koń chociaż ma ciężko
I pługi ciąga
To nie urąga.

Samiec i samica
Samiec i samica to nie to samo
Bo samiec nigdy nie będzie mamą.

Opium
Ktoś po opium się utopił
A różnie to po tym bywa
Po spirytusie to jest odwrotnie
Utopił się otrząsnął się żywo
I poszedł do baru na piwo.

Napaść
Co nazwać można napaścią?

Kataklizm wojnę i chłód
To nie jest porównanie
Gdy napadnie ciało głód.

Zęby
Zęby ostrzyć nie kosztuje
Podobno nad mądrość wszelką
Nie polecam tego z rana
I jeszcze koślawą osełką.

Zdziwienie
Zdziwienie drogo kosztuje
To tak jak wejście na minę
Może nawet i buzię wykrzywić
Całe życie masz złą minę.

Nie wiedział
Był generałem ale nie widział
Jak wytłumaczyć to niewidzenie
Bo jego domem to tak naprawdę
Było więzienie.

Kamera
Nagrywamy rzeczy głupie
Dla przykładu ślimak w zupie
Ale niekiedy i rzeczy mądre
Kiedyś wieloryb i przed sobotą
Ubolewał nad flądry cnotą.

Luz
Daj sobie luz powiedział kamień
A najlepiej to się zamień
Tylko wypowiedział to
Wyrzucili go na dno.

Karykatury
Karykatury teraz na modzie
A malowane są bezsensownie
Zamiast zapłakać nad swoim losem
Ojciec od dzieci upity w rowie.

Co nie ma sensu
Coś jest bez sensu ktoś to utrwala
I tak ponawia i tak nawala
A nie na siebie tylko na kogoś
Koleś się obudź nie idź tą drogą.

Coś napadnie
Gdy napadnie czy to ładnie?
To poniekąd nie ma sensu
Kolesia tak kiedyś napadło
Na księżycu szukał kredensu.

Jeszcze raz napadło
Jak go napadło wziął się za sadło
Schudł aż zaczęły wystawać kości
Skoczyć do nieba jak będzie trzeba
W imię miłości.

Samemu
Samemu trudniej się upić
Może trochę niewyraźnie
A we dwoje czy we czworo
Osiąga się więcej humoru.

Wiary
Jak i niemądry tak i stary
Ktoś codziennie zmieniał wiary
Przechodził to dwa razy w dzień
W końcu odkrył własny cień.

Dopadł
Znowu nas dopadł listopad
Mamy pogodę już dużo gorszą
Nie ma co robić plaże zamknięte
A i dziewczyny teraz zziębnięte.

Słuszna uwaga
Teściowa zwróciła uwagę
    Dziewczyno masz gołe plecy

Synowa sypnęła jej proszek
Mamusię zawiało po trosze.

Charakter
Charakterny to on był
Zamiast w przód to chodził w tył
A zamiast włączyć pogryzł adapter
Niezły charakter.

Nie stronił
Nie stronił od niczego
Nawet od własnej żony
To ten właśnie uczony wyznaczył
Dodatkowe świata strony.

Musisz i koniec
Czego nie musisz to nie wiesz tego
A to co musisz powinieneś wiedzieć
Żeby na przykład na zwykłym sedesie
Nigdy odwrotnie nie musieć siedzieć.

Wisielec
Gość robi swoje nikt się nie wcina
Trochę uciska brakuje wina
A w oczy jakiś zając zagląda
W ramach rozpusty szuka kapusty.

Sprzeniewierzył
Sprzeniewierzył się naturze
Narysował jaja duże
Ktoś ocenił że za małe
Więc z rozpaczy zalał pałę.

Rozpęd
Panek pewien to w myśleniu
Nabrał takiego rozpędu
Że nie rozpoznał że w dziele
Narobił nie swoich błędów.

Skrzypi
Jak z rana gotujesz mleko
A gaz głośno przy tym skrzypi
To uwaga mamy problem
Ono samo ci wykipi.

Stłumić
Nerwicę można stłumić
Bardzo szybko się nauczyć
Ale można nabyć gorszą
Gdy nastąpi przełom z forsą.

Nie słaba
Śmierć nie jest słaba jak się wydaje
To jest jednak kawał kobiety

I dlatego da ci radę
Gdy jesteś chory i słaby niestety.

Woleć
Ktoś tam lubi Amerykę
Inny jednak Europę
Co tam woleć można przedtem
A czy tu czy tam bądź facetem.

Zrozumiałem
Dowiedziałem się przypadkiem
Od kogoś że jestem stary
Ale tym się nie przejmuje
Nie zawracam tym gitary.

Nieźle
Nieźle to sobie wymyślił awendarz
Spłodził dla siebie kalendarz
Robocze dni wykreślił a zostawił wszystkie niedziele
Teraz sobie odpoczywa a inni pracują twardziele.

Hańba
Hańba to okrzyki grozy
Ktoś taki co cudzołoży
I w nietypowe seksy
Jest w tym wypadku nie lepszy.

Jaka różnica
Jaka jest różnica?
Czy nieżywego poświęci ktoś albo parobek
Parobek poświęci za darmo
A ktoś inny ma niezły zarobek.

Sprzeczka
Piekło z niebem się spierało
Czy można to uznać hańbiąco?
W niebie modlą się bez przerwy
W piekle płaczą na stojąco.

Dorota
Dorota dorosła w zalotach
Zalecała się niezmiernie
A została kiedyś świętą
Mimo że była uszczkniętą.

Buc
Jak tu takiego nie stłuc
Zamroził plemniki i wyjechał do Ameryki
Długo nie wracał teraz ma kaca
Plemniki ma zamrożone a sąsiad dotyka żonę.

Kobieta
Zadarła kobieta z aniołem
Chodziło o gołe plecy

Nie posłuchała rady anioła
Ten rozebrał się dla hecy
Co było dalej nie wiem
Nie byłem w niebie.

Lęki
Zląkł się z wrażenia aż klęknął
Ale z czego sam nie wiedział
Jak się ocknął to uwierzył
Że nie swoje jajka wysiedział.

Kopie
Ktoś pomyślał zrobię kopię
To się nigdy nie utopię
Ale chyba to przegięcie
Poszedł na dno wraz ze zdjęciem.

Nasila się
Nasila się coś strasznego
Coś takiego jak niewiedza
Nawet jak nie przeskrobałeś
Nie za swoje będziesz siedział.

Hipokryzja
Zabrania się co niektórym
Mówić prawdę bo to boli
Ale zdarza się czasami
Że prawda się porzępoli.

Nie istnieją
Mysie dziury nie istnieją
Tak teraz niektórzy twierdzą
A koty na emeryturach
Nic nie robią a stołki śmierdzą.

Dusze
Dusze nieśmiertelne żyjące
Szkoda że ich nie widać
Ale brakuje rezerwy
Bo zapas mógłby się przydać.

Ogień
Ogień wkurzył się na dym
Bo oddychać jest mu w trudzie
Więc wyrzuca go od siebie
Niech się teraz martwią ludzie.

Artykuł
Artykuł obowiązuje
A to jest proceder marny
Tylko tego co przeskrobał
I proszę jest kozioł ofiarny.

Nie poświęcił
Ktoś pokropił jak potrzeba
I gościa nie chcą do nieba
Zabrakło dwadzieścia stówek
Tyle kosztuje pochówek.

Oblizywać
Kto oblizuje się musi czuć
Czy musi obowiązywać
Czy nie byłoby korzystniej
Po trochu się podlizywać?

Do jutra
Wczoraj było i nie wróci
Dzisiaj będzie czy musowo
A czy jutro się okaże
Będę wówczas to rozważę.

275 fraszka
Natchnienie potrzebne dla Pyska
Myśli zaprzątają głowę
Pisarz w palcach pióro ściska
Przydały by się talenty nowe
Już nie trochę ale wiele
Pysek postanowił napisać
Światowej sławy nowelę
Ma do tego pełne prawa
A będzie to książka ciekawa.

A niech tam
Inaczej wydaje się nam
Jak naprawdę jest tam?
A gdzie to jest czy wydaje się nam
Nie byłem to nie powiem wam.

Robot
Wymyślił robota bo nie był głupi
Chciał go sprzedać nikt go nie kupił
Zostawił robota ze swoją żoną
Oni zniknęli z jego mamoną
A była to wolna sobota
Nie ma żony i robota.

Za nim
Kiedyś trzeba będzie odejść
Co się zastanawiać
A co dalej się stanie?
To się nie obawiać.

Becz
Beczenie wynika z pobudek wielu
Dostałeś w buzię płacz na weselu
Płacze z radości i na pogrzebie
W każdym przypadku płaczesz za siebie.

Wyzysk
Jeden taki czynił wyzysk
Wyzyskiwał kogo tylko się da
W końcu sam został wyzyskany
Bo ktoś jemu biedę sprzedał.

Krakać
Krakać przysługuje wronie
Wpisane jest to w jej mowę
Ale prawo powinno zabronić
Na krakanie histeryczne
A do tego idiotyczne.

Ktoś powiedział
Ktoś powiedział gdzieś i kiedyś
Że w drugim życiu nie ma biedy
Same spływają na duszę łaski
A jakie kręcą się tam laski.

Przechlapać
Przechlapać można sobie wszędzie
W domu i na urzędzie
W ogródku zwykłej szopie
Nim coś zdziałasz pomyśl sobie.

Dużo
Dużo jest nas was i onych

Wielu w siebie zapatrzonych
Dbających o własne zyski
Ciułają i ledwie dyszą
Nic naokoło nie słyszą
Czasem znikają w knieje
Udają że nic się nie dzieje
A zdarzają się wodzireje.

Dojść
Od małego dochodzi się do czegoś
Przeleci jak strzelił z bicza
A żeby do tego dojść
Ma już się wszystkiego dość.

Tajemnice
Tajemnice istnieją
Są badane przez człowieka
Ale niestety nie do końca odkryte
Mimo że mamy dowody niezbite.

Zapisane
Kto nam programuje wyobraźnię
Musi być wielki i boski
I niewidzialny wyrozumiały
Godzien ogromnej pochwały.

Gdzieś tam
Mogę być myślami tam

Gdzie była moja cielesna osoba
A gdzie mnie nie było
Teraz nie będę duchowo
Skoro wierzę w nieskończoność istnienia
Nic już nie mam do stracenia.

Los
Życie biegnie w parze z losem
Prace zarobki i premie
Dorobiłeś się majątku
I nagle opuszczasz ziemię
Ale ten rozwód z losem
Jest ogromnym ciosem.

Większość
Do rozumu się dorasta
A trzeba się dużo uczyć
Świnia tego nic rozumie
Tylko umie się utuczyć.

Ratunku
Być może niektórych zasmucę
Gdy do otyłości wrócę
Kiedy spojrzysz ile ważysz
To ze wstydu się usmażysz.

Wypadł
Czy taki przykład uchodzi

O co tu naprawdę chodzi?
Nie w porę z honorem przez okno wypadł
Ot taki przykład.

Wcięło
Przyszłość panu wcięło
Nie było to bardzo miłe
Co miał począć biedaczyna
Kiedy życie takie miłe
A więc zrobił dziwną minę
I śmiał się do siebie godzinę.

Super
Superman to ten z siekierą
Prosi by się nie przybliżać
Nie wykonasz polecenia
To się będziesz musiał zlizać.

Fantazja
Do fantazji trzeba ikry
A ikra to rzecz niezwykła
Będzie dobrze nawet lepiej
Wkrótce sprawa się rozwikła.

Powódź
Zalane wielkie obszary ziemi
Woda została co teraz począć
Najlepiej będzie się tym nie martwić

Udać się na dno usiąść i odpocząć.

Rozpierducha
Lecą kamienie petardy i jaja
Ktoś to robi i jest dumny
A w żelaznym jest kolejka
Tylko po gwoździe do trumny.

Marzenia
Kto liczy na duże bogactwa
W zanadrzu ma duże marzenia
I kocha bardzo ten świat
Niech sobie życzy x lat.

Chciano
Chciano go dokładnie sprać
Za to czego nie uczynił
Cóż miał wtedy zrobić
Sam sobie buzię obił
A czerwoną miał całą
Od siebie to nie bolało.

Była czarna
Jego żona czarna była
Chociaż nie z Afryki rodem
Ale z innego powodu
Bo spała pod samochodem.

Kolejna próba
Kolejna próba się nie udała
Krowa aż cztery cycki złamała
Bo w czymś konia chciała wyręczyć
Ale czy musi się aż tak dręczyć?

Archimedes
Archimedes badał wodę
Zużył jej też i niemało
Raz chciał się nawet utopić
I tyle się wody wylało
A wtedy tę wodę zważył
Stało się to o czym marzył.

Zamówienie
Zamówiono cielęcinę
A podano wieprzowinę
Kelner serwetkę poprawiał
A gość od stołu nawiał.

Komu
Komuś jak żywot jest miły
Niech z domu wyrzuci piły
Pilniki młotki i kosy
Ze względu na dziwne odgłosy.

Bywają
Uwaga niektórzy spece wojenni
Zasłużeni i odznaczeni
Wasze dzieła są nieznośne
I wspomnienia tak żałosne.

Klasa
Ludzie z klasą są uprzejmi
Normalni nie beznadziejni
Ale są i takie bezklasowe typy
Co narobią nieraz lipy.

Ktoś coś
Ktoś pożyczy i się wstydzi
Rozumie że komuś podpadł
Gdyby pożyczony nie miał
A przed pożyczką onicmiał
Problemu by nie było
Byłoby miło.

Od posiadania
Podatek od posiadania
Zapłacił ktoś bo nie wiedział
Ale nawet całkiem spory
Że na własnym tyłku siedział.

Od zapasu
Odwoływał się do sądu
Przegrał i są nici z tego
Bo jechał tylko na dwóch kołach
Bez zapasowego.

Klamka
Klamka zapadła dorwali Maćka
Jacyś turyści i na posesji
Kazali dmuchać usiąść na tyle
A ten wydmuchnął cztery promile
Wino musiało być bardzo mocne
Bo zakrapiane pieprzem i octem.

Toń
Chwalił się wieloryb w morzu
Że ryby go bardzo lubią
A to widać od razu że kłamał
Bo się kajak pod nim załamał.

Hobby
Od wiek wieków mocium panie
Jest moda na zabijanie
Dla niektórych to jest hobby
I nie muszą się przejmować
Ale przyjdzie na nich kreska
Będą głowy w doły chować.

Zuchy

Zuchy kręcą się po świecie
Walczą na wielu frontach ziemi
Ale się opamiętają
Gdy im w oczach się zaciemni.

Kto i gdzie?

Pszczoły wyfrunęły z uli
Zimową porą w Trzech Króli
A skąd wyszła ta afera
To pszczelarz się do nich dobierał
I to stary dziadek przy lasce
A dla niepoznaki w masce.

Jakieś szanse

Walczyć z lwem to małe szanse
Trochę większe niż z szympansem
Zamienił się sam ze sobą na boje
Co to będzie sam się boję.

Pieniądze

Mieć pociąg do pieniędzy to pech
Pies zjadł garść drobnych i padł
A ktoś inny połknął złoto
Do dziś nie chodzi piechotą.

Za kogo?
Za mąż wyjść musi być panną
A za żonę musi mąż
A za kogo znachor wyjdzie?
Popatrzmy w odwrotną stronę
Za mamonę.

Akurat
Akurat nie było tam jego
Dlatego tak teraz się dąsa
Zginął od kuli rok temu
A dotąd bagnetem potrząsa.

Jak jest
Latem jest słonecznie ale niebezpiecznie
Można się zakochać na plaży
Albo trafić na rekina
Zawsze znajdzie się przyczyna.

Mąka
Mąka musi być biała bo jest nieśmiertelna
Zdobywa serca żołądki i płuca
Pochodzi od ziemskiej roli
Po mące duszyczka nie boli.

Nie odrzucaj
Nie odrzucaj dobrych myśli od siebie

Ale złe od siebie goń z zapałem
A najbardziej zważaj na te
Co to pachną kryminałem.

Kiedyś
Kiedyś tatuś teraz ojciec potem dziadek
To prawda być może przypadek
A co na to przeciwna płeć?
Może chcieć.

Ii
Syty w zachwycie na szczycie
W jaskini głodny
Niemodny.

Podzielić
Ale się trzeba napracować
Żeby wspomnienia swoje podzielić
Na dobre i na złe i późną nocą
A niby po co?

Bestie
Wielkie zęby ogon i ryja kawał
Był bojący a twardziela udawał
Bał się wyjść ze smoczej jamy
Skąd my to znamy?

Strzał
Zastrzelił dyrygenta we święta
Musowo to mu zapamiętać
Bo ten się muzycznie udzielał
Ktoś pomyśli że sromotnie
I dyrygował odwrotnie.

Strata
Co to jest strata?
To się określa
Stracił palec i cieknie krew
Cieśla.

Spadek
Sprawa o spadek toczy się przewlekle
Dziadek wywija szpadą zaciekle
Babcia widelcem macha i nożem
Nikt się nie wtrąca z winy zająca.

Lód
Ludzie na lodzie sroga zima
Wskazane łyżwy używać
Ale lód na wodzie cienki
Najpierw trzeba nauczyć się pływać.

Tyfus
Zakaźne choroby nie w porę

Są przeważnie bardzo chore
A tyfus to w tym jest król
Zwykle szybko ginie ból.

Być królem
Być królem to z klasą
A nie jakieś tam humory
Tak na niby to pod jaką aferę
Lepiej już być normalnym frajerem.

Zasady
Zasady jak koślawe pionki
Zmieniają się i nic nie znaczą
Jak łzy wyschnięte na twarzy
A oczy dalej płaczą.

Luzem
Pewien gubernator Felek
Miał problem z powodu butelek
I kiszonej kapusty z ogórkiem
Dlatego się kiwał pod murkiem.

Ona
Przybyła bez posagu z rosą i boso
A on napalony z jednym okiem
Okazał się groźnym smokiem
Nagość sprawiła hardość mu zmiękła
Zasłonę wcięło i się wygięło.

Śpioch
Uwaga! Spanie tuczy
Jeszcze głośniej we śnie się mruczy
I obraca się w pościeli śpioch
Och!

Znasz się
Dobrze się znasz
To jesteś swój czy nasz
Od urodzenia aż do starości
Posiadasz cechy osobowości
Nie brzęcz i nie zamykaj się w sobie
Radzę tobie i sobie i im
Hm!

Nie wiem
Skąd wiadomo że każdego coś boli
Nie wiesz a domniemania wijesz
Czy bóle są dla wszystkich jednakowe?
Zachodzisz w głowę.

Sęp
Zły ptaszysko nazywany sępem
Wygląd srogi karykatura taka
Trafiła się jednemu teściowa
Podobna do tego ptaka.

Barykady
Na barykady wychodzą ludzie
A ich szefowie zostają w tyle
Bo ci ostatni im obiecali
Że spędzą w niebie wesołe chwile.

Ty tam
Ty tam niby pośredniku
Zastanów się lepiej nad sobą
Nie zmienisz się obłudniku
Wylądujesz na śmietniku
A i duszę czarci wezmą nie dla żartu
A w ramach startu.

Ekstra
Coś ekstra powinno się należeć
Mnie i tobie za wytrwałość
A co chcesz otrzymać ekstra
Lizaki skromny taki.

Lucky
Dobrze takiemu kto jest lucky
Taki normalny w berecie gość
A może łysy?
Dobrze że ktoś widzi a nie słyszy.

Jednocześnie
Ziemia obraca się w prawo i w lewo
Jednocześnie w każdą stronę
Rozumie to tylko kogut
Widząc kury wypłoszone.

Za co
Za co kupić chleba pajdę?
Poszperam może coś znajdę
Rozumiem nie jestem bogaty
Bo spłacam kredytu raty
Dorobiłem się nie ma co
Ot i to.

Właściwie
Nie będę się bał bo i po co?
A naprawdę to i kogo?
Nikt mnie nie chce nawet okraść
Bo i po co i z czego?
Opłaci się okraść biednego.

Dotyczy to
Zgubić łatwo trudniej znaleźć
Pogubienie kosztuje sumy
Rozum z gumy.

Pewne
Co jest pewne
Wymyślił królewnę
Wyjechał za nową ojczyzną
Był twardym mężczyzną
Ale królewna wylewna.

Wkurzona klacz
Klacz wkurzyła się na obrok
Bo był jakiś rzadki kruchy
Gospodyni perswaduje
Jedz koniu bo będziesz głuchy
Ten się wkurzył na ten przydział
Uciekł i nikt go nie widział.

Obecny na zdjęciu
Kto nieobecny to jak ma powstać?
A jakby powstał to mógłby dostać
A gdyby dostał to by nie przeżył
Poleca się Reżim.

Moda
Czy to moda? Płakać szkoda
Dawniej to inaczej było
Ważne zdjęcie do paszportu
To wykonywałeś z tyłu
Oczy były w konspiracji
Dużo jednak w tym jest racji.

Gra na czas
Gra na czas to jest utopia
Czasu nie ma tylko kopia
Po co martwić się zawczasu
Kiedy na to nie ma czasu.

Powinno być
Co być powinno a nie jest
Ktoś tam posiada dowody
Krzyczysz głośniej a oni ciebie nie słyszą
Wcale w karnawale.

Luźne związki
Ty sobie ja sobie a gdzie obowiązki?
Gra matrymonialna nietypowa
Ten sam temat inne obyczaje
A może to tylko tak się wydaje?

Świętość
Żeby tak świętości dotknąć
Musisz się o wiele potknąć
Oddać wszystko w każdym razie
Nikogo nie opluć nie ulec pokusie
Kobiety z daleka omijać
A broń Boże z prawdą się mijać.

Siła
Do siły dorosnąć trzeba
Wskazane witaminy i dużo sera
Poranne ćwiczenia rękoma i tyłkiem
Siła przyjdzie wraz z wysiłkiem.

Koniecznie
Musisz chcieć koniecznie
A możesz to mieć gdy się sprężysz
Unikaj dachowych przygód
I z tym związanych wygód.

Tornado i
Tornado niestety się chowa
Przed tym co potrafi teściowa
A może wyglądać i dymnie
Nie wspomnę o innej przyczynie.

Trop
Tropił wilka razy kilka
Zawsze wieczorową porą
Nie pomyślał że ich w lesie
Było teraz nawet sporo
A gdy zaczął wszystkich tropić
Musiał przedtem nieźle popić.

Na pustyni
Jakby biedy było mało
To wczoraj pustynię zalało
Przewodnik wykonał przewał
Turystom tak wodę polewał
A oni tym się tak przejęli
Że omal nie utonęli.

Mów do mnie
Do mnie to mówi się byle jak
Tyle o ile jak ci pasuje
Łaził po szkole niby to uczeń
A za nim rzędem płynęły dwóje
Dziwne wyrazy jakieś przecinki
A co najgorsze jeszcze jedynki.

Dzięcioł
Dzięcioł niezłą pracę zwietrzył
I tonę gwoździ podpieprzył
Wbijał w drzewa ile mógł
Od leśnika dostał w dziób.

E Tam
Nazywał się E Tam
Przeżył Kambodżę i Wietnam
Wojnę w Korei i Afganistanie
A zapytany jak było tam
Odrzekł   E tam .

Zezowato
Nieciekawie się skończyło
Dwóch zezowatych się biło
Jakby tego było mało
Widzom też się oberwało.

Co tutaj mamy
Na obrazie w każdym razie
Widać tylko białe kropki
Jakieś śmieci i pudełka
I porozrywane szopki
W rogu czarownice straszą
To niechybnie jest Picasso.

Chociaż dwieście
Dostał się do pewnej partii
Miał krzyżyków prawie dwieście
W noc przeklętą jechał wcięty
Koniec i został uszczknięty.

Absurdalnie
Co nazwać absurdem?
Udawać że jestem
A co na to wszystkie grzechy?
Ciężkie liche i te rzadkie
Na dokładkę.

O!
O co chodzi w tym kółku?
Co zero udaje?
Albo nie wiadomo co
                      O!

Na mojej głowie
Co począć na zwykłe łysienie?
Walnąć glacą o lusterko
Wbić papiaki w puste miejsca
Przykryć ręcznikiem lub ścierką
Rada jest nic nie zadziałać
Lekceważeniem zapałać.

Moje ja
Mojemu ja coś nie pasuje
Moje ja jest pewne
Mój czas nadejdzie niedługo
Stać mnie nawet na królewnę
A na pewno to i da się
Lecz się muszę cofnąć w czasie.

Non stop
Non stop praca i nadzieja
Lipiec w lutym i zawieja
Pomyliły się literki
Przez owe fajowe gierki.

Zróbmy coś
Zróbmy coś w tym temacie
Niech się w końcu to wyjaśni
Działajmy to coś bezpowrotnie
Bo za nas ktoś to zrobi odwrotnie.

Do czego
Doszło do czegoś co nie istnieje
Tylko doprawdy co i dlaczego?
Niby się działo niby nie działo
I nici z tego zwyczajna kula
Co na to szpula?

Pasterze
Dziś pasterze wyszli z mody
Bo i owce trudno spotkać
Ale i stado baranów
Ma na czasie swoich fanów.

Za co
Za co płacą a za co nie?
Kto pracuje to ten wie
Ale to jest tylko pic
Bo niektórym płacą za nic.

Trybunał Niejawności
   Kto reprezentuje TN?

Zapytał się uczony pies ten
Na to odpowiada suka
    Dowiesz się kiedy zapukasz
    Guza szukasz.

Gra
Gra w grze o grę a o co
Włosy się jeżą ręce się pocą
A gdy chodzi o mamonę
Wyniki bywają szalone.

Dobry bajer
Bajer modny jest na świecie
To mnóstwo dowcipów w komplecie
Coś o koniu i o zupie
Połączone w luźnej kupie.

Serio
Czy na serio żyć się uda
Komu i gdzie się z nim liczą?
Chyba na dalekim Saturnie
Albo bliżej na Księżycu.

Zupełnie
Zupełnie zapomnieć że się żyje
A mózg pracuje i serce bije
Gdy żyły krwi czerwonej są pełne
A czy to jest aby pewne?

Komu winien
Komu winien i co z tego?
Czy wina należy do tego
Coś tam kiedyś i nabroił
Przypadkiem rozum nastroił.

Nie widać
To twierdzenie ma się przydać
A może się kiedyś wydać
Że dobrego ani złego
Na gołe oczy nie widać.

Oby tak było
Oby tak było dalej do końca
Wszystko zależy teraz od słońca
A gdy słoneczko na moment zniknie
To mądry człowiek już nie podbryknie.

Nie i tak
Jedno drugiemu dobrze że przeczy
Tak to się kupy trzyma choć skrzeczy
Nie to do końca chciałem powiedzieć
To są podstawy i musisz wiedzieć.

Książki
Książki zawierają myśli
Różnego rodzaju o wszystkim wieści
Jaką by trzeba zbudować szopę
Aby wszystkie księgi świata pomieścić.

Przeciw i za
Za kimś iść to znaczy z tyłu
A przeciwko to jest przed
A po środku jak to nazwać
Z obu stron można się nabrać.

Różnie
Zależnie od sytuacji
Podzielamy różne racje
Nie zważając na okoliczności
Wydarzenia i sensacje
Nagle problem trafia w próżnię
Bez powietrza będzie później.

Ulga
Jak nie boli to nie ulży
A odwrotnie jak to będzie
Tutaj dzisiaj czy na pewno
W każdym względzie.

Myśli są
Myśli są w nas i obok nas
Gdzieś w górze i okolicy
Ale nie ma tu problemu
Tylko jedno mnie porusza
To jak wygląda myśl kusa.

Na tym
Nie ma końca i początku
A i środka tak dosłownie
Sami sobie to stwarzamy
A wygląda na umownie.

Kształty
Coś kształtuje się i gaśnie
A dlaczego tak jest właśnie?
Nasze życia są wpisane
We wielowątkowe baśnie.

Nakręceni
Ludzie na calutkiej ziemi
Są dosłownie nakręceni
Tylko w prawą zgodnie z zegarem
A nierzadko ponad miarę.

Razem
Ujdzie płazem nieraz razem

A osobno nie wiadomo
Podobało się przedstawienie
Pusty teatr a więc komu?

Senność
Sen od tego zależy gdzie się leży
Pojedynczo lub we dwójkę
Na miękkim czy twardym łóżku
A jest flaszka pod poduszką.

Abecadło i śmiech
Ktoś kto wymyślił abecadło
To chyba coś go napadło
Albo coś ważnego wypadło
A może gdzieś się spieszył
Bo skakał i bardzo się cieszył.

Konsekwentnie
Konsekwentnie się udzielał
Wszystko robił co tylko mógł
Był okrutnie zmęczony
Po prostu zwaliło go z nóg
Ma pretensje do podłogi
A może winne są nogi?

Wiercić
Ktoś sprzeciwił się naturze
Wszedł na bardzo stromą górę

I w powietrzu zrobił dziurę
A prędkością nieprzeciętną
Aż się spaliło wiertło.

Kamienie
Pan Jan podsłuchał kamienie
Ze zdziwienia aż zbaraniał
Choć nie wiedział o co chodzi
Tydzień się na nogach słaniał.

Straty
Straty to zwyczajne reszty
Można by i tak powiedzieć
Stracił wszystkie oszczędności
A do tego poszedł siedzieć
Bo to była jego kasa
Zdarza się tak w naszych czasach.

Zamysły
Pomysły bywają różnego rodzaju
Choć nie wszystkie się opłacą
Zamysł o dokonaniu czegoś dla siebie
Jest niezły gdy za niego zapłacą.

Nierówne połowy
Nierówne się dogadały połowy
I z głowy.

Spadek
Zdarzenie czy zwykły przypadek
Ojcowiznę podzielił dziadek
A nie uwzględnił babci
Zostały mu tylko manatki.

Rutyna
Można nawet się przeliczyć
Za rutynę płacić słono
Sąsiad tyra nocną zmianę
A ktoś sypia z jego żoną.

Ograć
Sztuką jest nie dać się ograć
Tak naprawdę nie na żarty
To nie dać się do gry wciągnąć
A najlepiej spalić karty.

Nic poznasz
Jak poznać kogoś
Kogo się nie zna?
Sąsiad z Gniezna.

Rada
Korzystać z rady
Lecz bez przesady.

Wybrać
Wybrał sodę wodę i sól
Mól.

Dance
Oznajmiła Danka Hance
Że wybiera się się na tańce
Wtedy Hanka jej odparła
Nie skorzysta właśnie zmarła.

Pozycje
Drugi dzień już na rozmowie
Ktoś siedzi nie ma sprawy
I w pozycji nieciekawej
Kiwa się zalany w trupa
Ale spojrzeć z drugiej strony
To i grzeszne i pocieszne.

Gwałtu rety
Wojna w lesie lecą zęby
Niedźwiedź wilka trzasnął w czapę
Kot się wije od boleści
Stracił właśnie lewą łapę.

A co na to pan leśniczy
Drzewa beztrosko liczy
Współczuje i udaje jelenia

Do zobaczenia.

Koniec z końcem
Wymyślono kiedyś końce
Ale nie wiadomo po co
Dodatkowo i początki
A co na to wolne piątki?

Obowiązki
Obowiązek niczym związek
I to nie byle jaki
Czy się zgodzisz czy nie zgodzisz
To uwaga na robaki.

Ideał
Kto żyje jest idealny
To jest ten niezwykły gest
Cokolwiek by nawet schrzanił
Ale jest.

Poczekać
Wszyscy ruszyli na księżyc
Nie ma czasu się nawet wachnąć
Do ziemi zbliża się coś tam
Myśli trzasnąć czy nie trzasnąć.

Ale jak przywali w księżyc
Cóż wtedy poczniemy kurna

Musowo więc zmienić trasę
Wylądować na Saturna.

Żebrać
Żebranie to ciężka praca
Ale się czasem opłaca
Ale gdy wziąć pod uwagę
To trzeba mieć jeszcze odwagę.

Lektyka
Praktycznie posiadam lektykę
I mogę to nawet ogłosić
Sęk w tym że z niej nie korzystam
Bo nie ma mnie komu nosić.

Poglądy
Nie łatwo jest zmienić poglądy
Na inne z samego rana
I przy tym się komuś narazić
Nietykalność być może zachwiana.

Krach
Ropa nagle podrożała
Na giełdach zrobił się ruch
Huśtawki dostały czkawki
Na ekranach tylko migawki
A wtedy stworzył się pisk
I zysk.

A tak a nie tak
To w końcu jak?
Poważności tutaj brak
A może samokontroli
Albo krytyki znienacka
Poglądy Wacka.

Ociągać
Spóźnić się nie zdążyć
Dla przykładu na lotnisko
Opłaciło się przeżyłem
A było tak blisko.

Rzeczywistość
Rzeczywistość po naszemu
To przyspawanie problemów
Szukanie czegoś za widnokręgiem
A jest niestety poza zasięgiem.

Dobrze i źle
Dobrze i źle to jest to samo
Tylko z odwrotnej strony.

Dawno
Kiedyś ludzie ciułali

Dla przyszłych pokoleń
A co na to pokolenia
Wszystko stare i spróchniałe
Wymaga rozwalenia.

Stop
Czas się zatrzymał a z nim kostucha
To taka pani co się nie słucha
Jak czas na kogoś wtedy go zwinie
Co tu roztrząsać widać po minie.

Skojarzenia
Nie to kojarzy się negatywnie
A tak odwrotnie i pozytywnie
Co wybrać aby się nie sparzyć
Nie zdziwić i nie wykrzywić.

Starość
Starość przychodzi i się nie pyta
Widać po zmarszczkach włosach i minie
I nie odejdzie na żadne prośby
Molestowania a nawet groźby.

Namnożyło się
Namnożyło się umysłowych
A to już nie bagatela
Co pierwszy drugi i trzeci
Legalnie się onieśmiela

Nalicza sobie dwukrotnie
A śmieje się teraz odwrotnie.

Hm
Jak się martwić to mieć czym
A najlepiej smutek przegnać
Wybrać się do kasyna
A pieniądze których nie ma przegrać.

Zrozumiałem
Zrozumiałem że jestem wart coś
Ale co sam siebie zapytam
Albo nie bo jak dowiecie się prawdy
Jeszcze biedy sobie napytam.

Wydaje się
Rano się obudziłem
Pomyślałem że przed chwilą się urodziłem
Ale taki duży jestem a nie w kolebce
I nawet płakać mi się nie chce.

Tryk
Jasnowidzę znaczy nieźle
Dojrzę nawet ziarnko piasku
A jak potrzeba i górę
Nocną drogę do chałupy
Ale nieraz to się wstydzę
Własnego tyłu na tyle nie widzę.

Oj toczy się
Życie się toczy a powinno płynąć
Może się uda kiedyś zasłynąć
Może z mądrości a może siły
A jednak może być bardziej miłym.

Przypadek w niebie
Jeden taki proszę ciebie
Przypadkiem znalazł się w niebie
Na drzewie ptaszki śpiewają
Witamy ciebie koleś w raju
I nagle zobaczył teściową
Zatkało go odszedł na nowo.

Tablice
Zapisane na tablicy
Każda sekunda minuta godzina
Same dobre uczynki
A o złych zapomniano
W niebie w dużym pokoju
A czyściec tuż za ścianą.

Prawdziwa rzeczywistość
Rzeczywistość tak często okrutna
Zdarza się że pachnie brzydko
Zanim złapią ciebie na haczyk
Zwiewaj z rzeki złota rybko.

Nim utracisz swobodę
Ratuj rybne serce młode
Bo te prosiaki z Kaprysu
Wykopią ciebie z życiorysu.

Skub skub
Z pewnością ich czarci nadali
Biednych ludzi oskubali
Z wiary siły i wartości
Bez szacunku i litości
Te bezwzględne kanibale
I nie martwi ich to wcale.

Wysiłkowo
Czas podany na wysiłek
Wykorzystać go potrzeba
Wyginać się szamotać kucać
I hantle do góry podrzucać
A zdrówko poprawi się szybko
Nie zachorujesz rybko.

Niefortunnie zagrać
Na taśmę wideo ducha swojego nagrał
Teraz chodzi jak zabity
Duch wcale go nie chce słuchać
I nie chce opuścić płyty
Zdarza się i komuś przegrać
Ale jak sytuację odegrać?

Za potem
Moje to dzisiaj a potem też
I na okrągło w tę i z powrotem
A tak dosłownie jeden wysiłek
Z przelanym potem.

W mojej ciszy
W ciszy jest coś niesmacznego
Sam siebie niekiedy nie słyszę
Mówię głośno cichutko chrapię
A cisza się błąka po mapie.

Haczykowo
Miasto Haczykowo z haczyków słynie
Metalowe powietrzne w płynie
Zapełniają półki w szafach i akwaria
Historia czasowa ich przeżarła.

Na połowę
Lęk pękł na pół na dwa lęki
Wielkie należą się za to dzięki
We śnie na pół się boisz
Obudzisz się i dalej broisz.

Gun
Gun z angielskiego to spluwa

A myśl się od razu nasuwa
I żeby to prawnie podzielić
Należałoby się dwukrotnie zastrzelić.

Opera
Operowi to są krzykacze
Innymi słowy ludzie głośni
A rzeczywistość zupełnie inna
Opera to przyśpiewka rodzinna.

Nie zważać
Ziemniaki sadzić na zimę
Nie zważając że mróz duży taki
Kartofle na pewno nie przeżyją
Ale nie zmarzną ziemniaki.

Mateusze
Mateusz syn Mateusza i Mateuszki
Ze wsi Mateuszewo Mateuszne Stare
Przeszli na Mateuszową wiarę
Jest ich tyle o ile.

Uporczywość
Ktoś uporczywie się o mnie upomina
Ale to nie jest moja godzina
Muszę jeszcze zagrać w warcaby
Zgodzę się jak będę słaby.

Do tragedi
Do tragedi doszło wczoraj
Koń jak zwykle ciągnął brony
Nagle nad koniową grzywą
Ukazały się trzy wrony.

Koń sprytnie obronić się zdążył
Kopnął butem wronę w ciąży
Jak wójt się o tym dowiedział
Koń dwa lata w pudle siedział.

Daliście
Daliście się dobrze we znaki
Przygraliście sobie w głąba
Przyjdzie chwila odpowiedzi
Coś z tułowia wam odrąba.

Tamci i ci
Tamci i ci to po równo
Wszyscy stworzyli to cacko
Na niektórych się wypięli
Równość prawdę czarci wzięli.

Przeszłość
Sodoma dawała się we znaki
Stąd częste na buziach wypieki
Choroby jeszcze nie było
Ale są darmowe leki.

Komu
Komu bieda niech się nie da
A ugryzie kogo trzeba
I nie czeka końca przyjścia
Bo nie ma innego wyjścia.

Łajać
Kiedy łajać trzeba wiedzieć
Za co się naprawdę łaje
Moja racja jest nie zawsze
Jak nam się często wydaje.

Nie tak
Od myślenia głowa boli
To jest połączenie z wolą
Zdarzyć może się że we śnie
Kogoś nogi bardzo bolą.

Rada
Co kryje się za dobrą radą
Prawda figle czy niesnaski?
Chcesz żyć długo i szczęśliwie
Musisz zjadać chleb bez łaski.

Zagubić się
Zagubić się można szybko
Ale trudniej się odnaleźć
Umyć talerz się zdarzyło
Jak jedzenie się przyśniło.

Plastyki
Produkcja plastyków jest wredna
Zbyteczna i niepotrzebna
Źle udziela się ziemi i rybie
Nie mówiąc o wielorybie.

W oczy
Prawda w oczy nie za uszy
Kto kłamie niech go suszy
Ten kto kłamstwo toleruje
Jest zwyczajnym prostym szujem.

To my
My wszyscy mieszkańcy globu
Łapiemy się różnych sposobów
Żeby było nam prościej lepiej
Niekiedy aż zatelepie.

Nieuchronnie
Coś się dzieje nieuchronnie
Czerwona linia za progiem

Może się zakończyć fiaskiem
Wybuchem i wielkim blaskiem.

Głupio
Czasami lepiej przeczekać
Nie uśmiechać się głupawo
W zamian mocno się podniecić
I zacząć bić głośne brawo
Ja to robię biję sobie.

Kontrakt
Na kontrakcie cyfry czarcie
Dał susa i zrobił przysiad
Bezpiecznik się spalił
Power mu wysiadł
A wniosek stąd
Zły to prąd.

Tacy sami
Jesteśmy tacy sami
Mamy te same życiowe prawa
A więc na nic się przydaje
Wywyższania się zabawa.

Dawno temu
Przed wiekami w Portugalii
Mnożyło się od kanibali
Tak lubili samych siebie

I zjadali się w potrzebie.

Rakiety
Wystrzelone gdzieś rakiety
Musiały wrócić niestety
Bo skończyły się oktany
Problem jak je zatrzymamy.

Mijanie
Nie można się spierać z prawdą
Prawda nigdy nie ominie
Prędzej możesz się przekonać
Kiedy się w kłębuszek zwiniesz.

Świadomość
Świadomość taka wiadoma
Niestety jest pomijana
Okrutnie w naszym myśleniu
Ukryta i niezbadana.

Halo
Nawiedzeni z kosmosu na niby
Popatrzmy na zwykłe grzyby
Prośnianki prawdziwki i rydze
A szkoda że za was się wstydzę.

Cztery czwórki
Cztery czwórki się spotkały
A ktoś twierdzi że szesnaście
Ten ktoś czwórki dodawał
I jeszcze mądrego udawał.

Podżyrował
Przedmioty świetlane są drogie
Ktoś żyrandol podżyrował
A misterna to robota
Ze szczerego on był złota.

Myślał że aż mózg przysiedział
Ale komu to nie wiedział
Nikt nie widział i nie słyszał
A żyrandol będzie wisiał.

Jakby nie było
Co by to było jakby nie było lasu?
Las jest i owszem a jeszcze reklama
Że drzwi są potrzebne do lasu.

Obudzenie
Obudził się chory przewlekle
     O jejku ja jestem w piekle
Ognie płoną na przedmieściu
O teściowa jest i teściu.

Znachor z nową gospodynią

W sumie to jest razem sześciu
A gdzie jest reszta rodziny
Robi w niebie nadgodziny.

Ponad
Ktoś tam wybiegł ponad program
Pomyślał dziś wszystkich ogram
Ale spojrzeć z drugiej strony
Był to program urojony.

Atak
Zaatakował zając wilka
Wilk się bronił nie było rady
Zając ma w sądzie problemy
Zostawił po zębach ślady.

Uczta
Oskarżony o całusy
Po raz drugi o stosunek
Wypili litrowy trunek
A później ta ostra zgaga
Wyszła na jaw prawda naga.

Słońce świeci
Słońce świeci bez wyjątku
Przez siedem dni od niedzieli
A nocami trochę drzemie
Troszeczkę wkurzone na ziemię.

Nieznane są
Losy nasze nieznane
Pojedyncze i grupowe
A myśli z tego się śmieją
I mamy problemy gotowe.

Trafiony
Szablą wojował zginął od kuli
Ten co go trafił kiedyś zabuli
Bo to wygląda jak gwałt miłości
Niesprawiedliwa jest odległości.

Pół kaca
    Kac niecały tylko pół
Skarżył się Pan Jacenty
Kupił flaszkę w pewnym sklepie
Po drodze zniknęły procenty
I to o dziewiątej z rana
A butelka była zakapslowana.

Idiota
Idiotą nie musi być głupi
Wkurzony a nigdy boleśnie
Być może to tak się stanie
Gdy ktoś się urodzi za wcześnie.

Zamek
Zamek bez klucza o czym to świadczy
Zależnie jak się na to patrzy
Zwykle na co dzień
Sprawdzony dobrodziej.

Wicher
Kto dziś zawieje za darmo
I rozwali gdzieś stodołę
Musi być w stanie nietrzeźwym
Albo trafi na mazgołę
Tylko wicher niepoważny
Wydawałoby się odważny.

Mam się
Micć się we własnej opiece
To wszystko gra
Wymaga się nad tym zastanowić
Sytuacji beznadziejnych nie ma
Stwierdził sprawdzony jasnowidz.

Sposób
Skorzystał ze sposobności
Ot wymyślił prosty sposób
Zaprosił na długą wycieczkę
Aż sto tysięcy osób
Taki numer komuś wyciąć
A wycieczka o nazwie Donikąd .

Lata
Zimą wszystko zamrożone
A więc tęsknimy za latem
A co na to czas nam rzecze
Co się odwlecze to nie uciecze.

Zaznaczę
Płaczę zwyczajnie normalnie
W swoim narodowym języku
Mój płacz jest ciepły
Nie hiszpański czy z dalekiej Korei
W moim płaczu zawarte są uczucia
Prawda i nieskończoność nadziei.

Gałązki
Gałązki łączą drzewa wiekowe
Z reguły jest to bardzo ciekawe
Ale liście tego szczęścia nie mają
Niestety raz w roku spadają.

Siepacze
Siepacze to nie byli frajerzy jak myślimy
Ci faceci nie bali się zimy
Cięli równo przykładnie i spójnie
Oj przydaliby się tacy na Ramię.

Salsa
Salsą można się zadziwić
Jest zdolna prostego pokrzywić
I odwrotnie wyprostować garbatego
Ruszamy do salsy kolego.

Zmóc
Nic go nie zmoże to jest charakter
Krzyki i groźby słyszane z góry
O czym to świadczy taka postawa?
O bardzo niskim stopniu kultury.

Nie pocić się
Nie pocić się to nie mieć czasu
Albo robota i często praca
Ale raz jeden spocił się bardzo
Gdy leczył kaca.

Pretensje
Miał pretensję że odszedł w siną dal
Pewien leśny drwal
Uderzył się obuchem siekiery
I po co takie numery?

Zejdzie
Góra z dołem się nie zejdzie
Jedynie obok dołu może przejść

Można by powiedzieć że to jest to samo
Czy słoniowi pszczoła pierwsza powie cześć.

Przemówiła
Kasa kiedyś przemówiła
Znachor słuchaj krokodylu
Jesteś tylko jeden mądry
A dających datki tylu.

Uśmiech
To jest chyba niezły przykład
Dla mądrych to jest przestroga
Taki jeden kiedyś stwierdził
Że prawa jest tylko noga
A o lewej już nie wspomniał
Zataił to czy zapomniał.

Pies
Pies to dziwne nazwisko
To jest coś ale nie szczeka
Ma dwie ręce i dwie nogi
A przypomina człowieka
I uprawia turystykę
Jakie to na czasie przykre.

Kaliber
Zbuntował się nabój w lufie
Bo po prostu był za mały

Gazy owszem go wypchały
Ale leciał przez dzień cały
Ale jawnie tu wynika
Że chodzi o fanatyka.

Nie kazano
Nie kazano a strzelali
Chociaż nie widzieli celu
Do tego nie mieli broni
Jak ten czas beztrosko goni.

No nie
Zapomnieć można ale nie tak
Fanatyk ubrał się tylko jak
Bardzo niechlujnie i zęby szczerzy
Gada bzdury chociaż sam w to nie wierzy
A co najgorsze to ci klienci
Byli najbardziej mową przejęci.

Czas
Czas ma dziwne zwyczaje
A czasami daje w kość
Jestem czasem tak wściekniętu
Że już nie mam czasu dość.

Demony
Pojawiły się demony
Każdy coś od siebie wyje

Doczepiły się pijaka
Który właśnie dawał w szyję
Ten się kapnął sprawę zwietrzył
Stało się knajpę przewietrzył.

Kiedyś
Kiedyś były komitety
Zasłużone życiorysy
A co teraz tutaj mamy?
Jeszcze głupsze od nich kaprysy.

Płacić
Za uśmiechy jest podatek
Zależnie od długości śmiechu
Gdy oglądasz się za babcią
A nawet za zupą rzadką.

Komu i gdzie?
Nie chce się komuś wyć
A co dopiero być
Woli uprawiać sen
A się nie wstydzi to leń.

Sroka
Trafiła się sroka bez oka
I jeszcze taka bez dziuba
A jeszcze jedna łysawa
Dziwnie podejrzana sprawa.

Tętno
Tętno jednemu wysiadło
Stanęło w miejscu i klapa
Aż się w żyłach spieniła krew
Serce stanęło w rozterce.

Krzywy życiorys
Napisano w życiorysie
Synu nie podobasz mi się
Zmień się bo oberwiesz w pałę
Oto wydarzenie całe.

Parobek
Parobek to los na odrobek
Porobi to wszystko odrobi
Parobstwo jest dzisiaj na czasie
Uniknąć czy tego da się?

Rozdęło
A wieloryba rozdęło
On toczył walkę o dzieło
I nie dość że połknął akwarium
To później próbował solarium
Nie zdążył bo granat był w środku
I sprawa utknęła w zarodku.

Lekcja
Brak szacunku do książki
Błękitne wstążki
Seksu na lekcji brakuje
Co oni tam kombinują?
Nietypowa brać
Tylko prać.

Rada dla ludzkości
Kina nie modne kościoły puste
Kac po ćwiartce byle nijaki
A dzień tak bez normalności
Są ciągłe zwady i draki
Z drogi nie zbaczaj
A w byle g... ręki nie maczaj.

Już jest
To było i jest jak powietrze
I wiatr co gałęźmi porusza
Dopiero jak pięty przypalą
Zrozumiesz jaki power ma dusza.

Sprawy
Nadzwyczajne jest tak sądzę
Kupić forsę za pieniądze
Pobudować dom pod borem
Poznać w lesie jakąś zmorę
I beztrosko puszczać bąki
To są plusy ze światem rozłąki.

Pokonany
Pokonany w wielkiej wojnie
Tak po prostu się obudził
Pomyślał zaraz was znajdę
A było to pod Grunwaldem
Przespał prawie sześćset lat
Niezły to być musiał chwat.

Wzięli
Pojmali i zamknęli kogoś
Na jego prywatnej posesji
Zaprosili do udziału
W prywatnej amnestii
I wtedy to zadziałało
Wielu z nich z kolan nie wstało.

Skąd wziąć
Znachor zbiedniał kasa spuchła
Gospodyni aż ogłuchła
A organy głośno ryczą
              I węże syczą
A do tego jadowite
A znachor trenuję kosmitę.

Po
Po pięćset złotych za sztukę
Trzeba płacić za naukę

Dużo kasy trzeba wyrzucić
Żeby świnię czegoś mądrego nauczyć.

Temat
Tematem tego jest tabu
Ktoś się podobał złemu
Dla odmiany był zielony
Ale tylko z prawej strony
A był pewnym lunatykiem
A po prawdzie fantastykiem.

Tyś
Byłeś tym którego dobrze pamiętam
Raz w roku i to po świętach
Pamiętam jak walnąłeś pijany w bramę
I wtedy raz ostatni widziałeś mamę.

Szanowny panie
Nie przystoi to zachowanie
To nie przykład ze strony rycerza
Pomyślę o tym i sam sobie nie dowierzam.

Ognie rozpaczy
Pochodnie żarzące
Ale teraz nic nie znaczą
Jak tak popatrzeć na zbrukane fałszem ręce
Nic dodać nic ująć więcej.

Czekaj nie
Czy czas pokaże te dumne twarze
Postacie działające w takt nokautu
Zadające upodlenie niewinnym
Rodzaje bezwzględnego gwałtu.

Będzie i
Dodatkowa emerytura trzynasta
Dla wszystkich ze wsi i miasta
Ale to zmyślony przydział
Będziesz to we śnie widział.

Obrzucili
Wyrzucili czarownicę
Całą gołą na ulicę
Obrzucili kamieniami
Ale to o pomstę woła
Bo to wyznawcy latawcy.

Lada dzień
Ziemia zwolnić ma obroty
Około przyszłej soboty
W niedzielę stanie na zerze
Kto w kosmos nas wtedy zabierze?

Pies w kącie
Pies klęczał w kącie na grochu
Bo się pana nie posłuchał
Zakosztował wódki z barku
Aż cztery promile wydmuchał
A dlaczego to aż tyle?
Dziwiły się same promile.

Szekspir
Szekspir tworzył dramaty
Podobno miał trochę szajby
To trochę dziwna choroba
Na dodatek tworzył sztuki
A w środku myślowe luki.

Ucieczka
Nie uciekniesz przed przeznaczeniem
A właściwie to gdzie i po co?
Tak samo jak dzień ucieka
Bo musi się spotkać z nocą.

Napad
Ktoś nagle w omdlenie zapadł
Pomylił się i na siebie napadł
Na kwaśne jabłko się stłukł
Jak on tak mógł?

Podmiana
Bacy gdzieś tam na Podhalu
Podmienili wszystkie owce
Na zboczu z samego rana
Wiadomo robota barana.

Wczuł się w rolę
Pewien aktor wczuł się w rolę
A grał tam rolę wariata
Film się skończył dawno latem
Podziałało jest wariatem.

Oko w oko
Oko w oko z lampartem
Pomyślał co to życie jest warte
Wtedy zastosował fortel
Przekupiono go na porttel
Nie udało się z fortelem
Został połknięty z fotelem.

Odnowić
Targu można nieźle dobić
Spróbować siebie odnowić
Lecz dusza niegrzeczna była
W knajpie wódki się napiła
I zostało biedne ciało
A kiwania przybywało.

Kasta
Kasta z miasta i ta wsiowa
Zgromadzona pod chorągwią
Ktoś pozdrawia ich za forsę
I legalnie niektórych rąbią.

Pomyłka
Ktoś liczył dla kogoś grube miliony
A pomylił się o stówkę
Ten był bardzo podkurzony
Puknął go niechcący w główkę
Pewnie już się nie pomyli
Kapelusza nie uchyli.

Składka
Wszechwiedzący znachor Piter
Dołożył składkę na liter
Na ucztę się nie załapał
Bo kiedyś sobie przechlapał.

W cztery oczy
Cztery oczy się spotkały
Niemożliwe co pan powie
Popatrzyły sobie w oczy
W jednej i tej samej głowie
Nie wiadomo jak to było
Z przodu albo może z tyłu.

Nigdy
Śmierci nie trzeba się bać
A jeszcze gorzej z niej śmiać
Lepiej już się nie uśmiechać
A podrywania zaniechać.

Była
Anna Zuzanna z Pasłęka
Była potwornie cienka
Tego nikt by nie przewidział
Po prawdzie to nikt jej nie widział.

Złe
Złe ma zęby i je suszy
Ale nie posiada duszy
A wygląda to ciekawie
Trzaśniesz w zęby i po sprawie.

O coś
O coś się kłócić to trzeba mieć
A jeszcze trzeba do tego chcieć
A nigdy w nocy bo nie widać
I jeszcze wszystko może się wydać.

Tratwa
Bociek na tratwie już ledwo sapie
Bo mu ropucha dała popalić

Kto by pomyślał że może żaba
A co by było jak wnuczka kraba?

Odnowić
Odnowiła śluby babcia
Nie stara sto cztery latka
I nie pytała dziadka o zdanie
Bo dawno nie żył
Dziwne pytanie.

Po naszemu
Po naszemu to pasuje
Po waszemu trochę dziwnie
Straciłeś już prawą nogę
O lewej mów pozytywnie.

Tak i tak
Do rzeki było niedaleko
A do wody jeszcze bliżej
Ale rzeka była w górze
A woda już trochę niżej.

Bakterie
Z bakterią się nie dogadał
Choć próbował i niemało
Jeden raz spróbował
I niewiele mu zostało.

Tutaj
Tutaj miejsca nie zagrzejesz
Nawet przy dobrej pogodzie
Bo to jest lód na Arktyce
A sopel w tyłek ubodzie.

Nie przykleił
Wysłał gościu list do piekła
Ale nie przykleił znaczka
Ale otrzymał odpowiedź
Z powietrza trzasnęła go packa.

Nie dawaj wiary
Nie dawaj wiary że nic nie stanie
Nie wojuj na żadnym froncie
Włosy może ci rozwichrzyć
Albo gorzej urwać prącie.

Kantem
Puścili go kantem
Postąpili jak z palantem
I rzucali nim o ścianę
A był tylko zwyczajnym motylem
O nieprzyzwoitości tyle.

Drzewo rodowe
Zbudowali drzewo rodowe
Nie była to sprawa dobra
Babcia to była zwyczajna kobra
A na onych padł blady strach
Aż po dach.

Total
Zagłada nieubłaganie się zbliża
Wszystko może zniknąć grzecznie
To by musiało znaczyć
Że musimy sobie co złe wybaczyć.

Pomagać
Najlepiej jest pomagać we śnie
Lecz nie można za to ręczyć
Robiąc bardzo szybkie ruchy
To się również można zmęczyć.

Jasnowidzc
A jasnowidze czy widzą w nocy?
I wiedzą co się dzieje za ścianą?
Czytają w innych umysłach
A siebie dokładnie nie znają.

Zniesiono
Zniesiono wizy i świata strony

A czy każdy jest zadowolony?
Może być problem i niezłe cuda
I w którą stronę teraz się udać.

Dawne czasy
Dawne czasy były nie gorsze
Nie było walki o forsę
Tylko o jakieś srebrniki
Na sposób ogromnie dziki.

Łańcuszki
Zabawa w łańcuszki
Na wesoło się toczy
Warto by się temu przyjrzeć
I przetrzeć oczy
A zajmować się absurdem
To jest tak dziecinne kurde.

Szpiedzy
Szpiedzy zarabiają dobrze
Są zwolnieni ze skruchy
Coś w tym jednak być musi.

Artyści
Artyści to nieźli spece
Obdarzeni są w talenty
Ale czasami przytrują
Że niektórym pójdzie w pięty.

Zasady
Gdzie zasady się podziały
Wspomnieć o tym wypada
A widoczne jak na dłoni
Po takiej prostej jabłoni.

Intencje
A niektóre towarzystwa
Co obnoszą się rozumem
Wydziwiają takie siupy
Że nie garnie się do kupy
A bywają tak obłudne
I do zrozumienia trudne.

Kolesie
Na kolesi jest potrzebny
Mocny długi cięty bat
By udaremnić niszczenie sumień
Od bardzo wielu wielu lat
Albo łódź taka bez dna
To jest rada tylko jedna.

Pokój
Pokój jest potrzebny ziemi
Stałe zasady niepodważalne
Bo to co się obecnie dzieje
To jest strasznie niemoralne.

Skrzek
Skrzek to mowa pani sroki
W cienki i grubszy się zmienia
Sroka kpi ze wszystkiego
Ale nie obroni jelenia.

Przesada
Fanki płaczą na pogrzebach
Często i za grubą forsę
Wykrzywiają tak jadaczki
Często dostają padaczki.

Święci
W niebie święci mają super
Kołyszą się na huśtawkach
Rano budzą ich anioły
Napoje herbatka kawka.

Można napić się piweczka
Obca jest im jakaś czkawka
Dodatkowe wygibusy
Dlatego niebo tak kusi.

Wszystko było
Było miło wszystko było
Po co starać się o jeszcze
Wkrótce zapanuje zgoda

Zającowi lew rękę poda.

Pretekst
Żmija handlowała jadem
Raz się dogadała z dziadem
Cwana pod pretekstem jadu
Niepotrzebny spadaj dziadu.

Ekstra i dalej
Gość coś dostawał ekstra
Opalania się na słońcu
Szkoda że zimową porą
Kiedy śniegu było sporo.

Hemoroid
Hemoroid to bezwzględna bestia
Kiedy się u niego przechlapie
Paznokcie można urobić po łokcie.

Finezja
Finezja jest jak poezja
Uśmiech greckiej bogini miłości.

Rzutki
Szczery znaczyć może rzutki
Taki co szanuje zrzutki

Zaprosi na obiad czy piwo
Ze szczerością i prawdziwą.

Zdawkowe
Stało się że szkoda gadać
Lekarze będą spowiadać
Ale tylko chorych na głowę
A pytania wyłącznie zdawkowe.

Ciastka
Pani udziela się z wałkiem
Gniecie wszystko co jest miałkie
Ciastka lepsze nigdy gorsze
Ale wszystkie są za forsę.

Zatrzasnął
Dziadek w toalecie zasnął
Na sedesie się przytrzasnął
Babcia na tę chwilę naszła
I dziadkowi to odtrzasła.

Potrzaski
Jeleń znalazł się w potrzasku
Niestety ze swojej winy
Zamiast pilnować jelenki
Wybrał się na dziewczyny
Po drodze przyglądał się lwicy
Oj szczęście się może przeliczyć.

Zaskoczenie
Czym zaskoczyć może bieda?
Oczywiście brakiem chleba
Nie dotyczy to kiełbasy
Jaka bieda takie czasy.

Super
Przemówienie było super
Lecz nie dla wszystkich wygodnie
Pan który tak dzielnie przemawiał
Zapomniał założyć spodnie.

Armia
Generała wciągnęło we wiatrak
Już po wojnie która była
Zdążył tylko wykrzyczeć
Nasza armia się ulotniła.

Połknął
Jednej bramki ktoś nie domknął
Strzelający piłkę połknął
A kibice się wkurzyli
Drugą bramkę wyrzucili
A pan trener nawiał w plener.

W piecu
Pianista grzał się przy piecu
Ale ciągle był zziębnięty
A nigdy się nie domyślił
Że w piecu nie pali się cementem.

Dopiero
Obudzony i dopiero
Odpiął z obu oczu klapki
Czoło było fioletowe
Wiadomo to wina czapki.

Nad przepaścią
Nad przepaścią gość się buja
Jest wyraźnie podchmielony
Droga nagle się skończyła
Na dół pospadały domy
A nie wszyscy tak potrafią
Coś się dzieje z geografią.

Maści
Leki teraz nietypowe
Na żołądek nerki głowę
Ale chyba to przesadna
Niedorzeczność powiem waści
Żeby takim prostym młotkiem
Wbijać w skórę jakieś maści.

Przelewać krew
To jest absurd z prawa z lewa
Ktoś na wojnie krew przelewa
W imię prawdy i wolności
Łamie cel praworządności
To już zdrada a tymczasem
Regularny skok na kasę.

Darmowe wczasy
Darmowych wczasów przykłady
To były na zimno wypady
Minione problemy społeczne
A przebywanie wieczne.

Ubóstwo
Nie ma ubóstwa jak nie ma biedy
I co wtedy?
A odwrotność jest tym jednym
Ciągle brakuje biednym.

Zrzucić więzy
Do normalności powrócić
A więc palenie rzucić
Teściową szanować jak ogień
Do żony uśmiechy bez przymusu
To są właściwe więzy luksusu.

Nobel
Nobel to nie jest zagadka
Niezłe rzeczy ktoś przypalił
Wynaleziony dynamit
A teraz są tego efekty
Można się zdziwić do reszty.

Nie sposób
Nie sposób o tym nie wiedzieć
Żeby wstać to trzeba siedzieć
Jak już siedzisz musisz powstać
To chyba musi tak zostać.

Fajnie
Jest projekt ktoś to zatwierdził
Dotyczy on samowoli
Jest fajnie kiedy nie żyjesz
To normalne nic nie boli
I nie troszczysz się już o nic
W kolejkach nie stoisz po nic.

Wydajność
Wydajność jest pożyteczna
Ale groźne są jej skutki
Ktoś miał nerki na agrafce
Namówiono go do wódki
O papierosach nie wspomnę
Bo do tego szkoda płuc
Zatem żeby być wydajnym

To do tego trzeba móc.

Gdyby
Gdyby tak dzień od jutra zacząć
To dzisiaj by już nie było
Nie zaczynać się odchudzać
A kilogramów ubyło.

Mówili mu
Cały czas mu powtarzali
    Człeku jesteś słaby niestety
Nawet doktór to potwierdził   w ramach diety
    Nie dotykaj nigdy kobiety.

Ale on ich się nie słuchał
Zerkał na kobiety
Czasem ćwiartkę palnął
Serce mu nie wytrzymało
I zwyczajnie w ramki walnął.

Odpuszczenie
    Odpuść mi moje grzechy
Błagała babunia znachora
    Tak mi na tym zależy
    Zrozum jestem chora.

Znachor grzechy zatrzymał
Teraz spać nie może
Dziadek babci nie wpuścił do chałupy
Odeszła na dworze.

Kiedy
Kiedy ma się zakończyć
To trzeba zaczynać
Ale po co to robić?
Lepiej się zatrzymać.

Pewne sprawy od nas nie zależą
To prawda a juści
Nie da się rady zatrzymać tego
Gdy już się popuści.

Wielkie miasto
W wielkim mieście na rynku
Ustawiono szubienicę
Mieli człowieka powiesić
Bo zajrzał pod spódnicę.

A wyrok został wykonany
Na tym nieboraku
Bo zrobił to po trzeźwemu
A nie po pijaku.

Siebie
Ktoś bał się do góry spojrzeć strasznie bał się nieba
A jeden raz się odważył dziwna rzecz się stała
Bo mu wrona między oczy rzadko nasikała.

Pokazał
Wilk chciał pokazać myśliwemu jak dobrze się strzela
Było to rano o piątej do tego niedziela
Wilk miał niecne zamiary odwrotnie włożył naboje
        Był bardzo wkurzony
I dlatego leśniczy nie wrócił do żony.

Zostawcie go
Zostawcie go nie jest winien
Chociaż może być powinien
On nikomu nic złego nie zrobił
Choć nawet na tym zarobił.

A to że włamał się do banku
I tak się zdarzyło
Nic takiego się nie stało
To tylko forsy ubyło.

Wyjadę
    Wyjadę na wakacje nad morze
      A może nad rzekę
Doradzał sobie parobek
Często na pociechę.

Pan go do lasu wygonił
Wyciął kawał lasu
Marzenia się ulotniły
Myśleć zabrakło czasu.

Używać
Używaj życia i nie bądź pokornym
Bo spotkać ciebie może heca
A inni tacy nie bardzo pokorni
Będą się ślizgać na twoich plecach.

Twierdzenie
Ktoś powie że czas idzie do przodu
Ale w błędzie jest ktoś kto tak twierdzi
Bo tak jak komuś pachnie
Drugiemu to samo śmierdzi.

Tu i ówdzie
Ustalona nowa prawda
Nie spełniła swojej roli
Produkują wiadomości
Że często aż głowa rozboli.

Ale nie dla wszystkich
Brawa i lampasy
I co nam pozostało
Narzekać na czasy.

Doszedł
Ktoś tam dochodził swojego
Zamknęli go i siedzi
Sam sobie jest winien
Bo wczoraj był u spowiedzi.

Nigdy by nie pomyślał
A go nie bardzo zachwyca
Bo to jest ta święta
Ważna tajemnica.

Strach
Zakodowane pewne myśli to strach
Coś co może zrobić krzywdę
Można sobie jednak pomóc
Strach wszedł we mnie to ja wyjdę.

To nic
Co by było nie było by
W moim mniemaniu to jest nic
Kojarzy się z pustką bez znaczenia
To jak wytłumaczyć fakt
Czy mamy co życiu coś do stracenia
A może jednak coś do zyskania?

Płacz
Płacz to odwrotność śmiechu
Ale co jest tutaj ważne
Płacz powstaje jak coś boli
Gdy się w coś rzadkiego wgrzebiesz
Ale zdarza się czasami
Że płacz to zrobi za ciebie.

Grzech
Ktoś powie że grzech to pech
To jakby dobrego uszczknięcie
Uderzenie zabrzmi klawo
A grzesznie to uchybnięcie.

Beznadzieja
Do zamczyska wdarł się potwór
Nie wiedział że ma nowotwór
A choroba nie wybiera
Podkurzony co niemiara
To wyglądało na niezły pech
Stracił dech.

Przymierze
Litość bierze na przymierze
Powiedzmy świni z rzeźnikiem
A z takiej dobrej strony
Przymierze tyłka z nocnikiem
A co może być najgorsze
To kury z gołym indykiem.

Pamięć
Za pamięcią się uganiać
W dni powszednie i we święta
Zapisywać w kartotece
By o wszystkim i wszystko pamiętać.

A może by kiedyś spróbować

Własną pamięć narysować
A rysunki na stałe zostawić
Kopię własnego buziaka
Ale byłaby to draka.

Talent
Talent pakietem na szczęście
Nieważne w jakim kierunku
To jak istota walcząca
O ciągłość swojego gatunku.

To nic że czasy się zmieniają
Że trwa walka o przetrwanie
Talent jest niezniszczalny
I na zawsze z nami zostanie.

Miejsca
Miejsca w których kiedyś byłem
Zakodowane mam w głowie
Nikt mi nie zabroni być tam powtórnie
Kiedy chcę jestem duchowo tam
I dobrze się mam.

Powiem pan
Pewien pan napisał powieść
Postanowił sprawy dowieść
Kiedy utwór był skończony
A były to stron miliony
Ale kto coś takiego słyszał
Zapomniał że on to napisał.

Uradzili
Uradzili tacy głośno
W drugiej izbie departamentu
Że od jutra przez cały tydzień
Można mieć część dolną wypiętą
Albo z przodu albo z tyłu
I na tym się zakończyło.

A teraz
Co się łudzić że wygrasz miliony?
Będziesz może panem wszechczasów
Nabędziesz pola naftowe
Założysz koronę na głowę
Ale w sercu został smutek
To złudy brzemienny skutek.

Pożyczka
Pożyczyli od niego mózg
Serce wątrobę i szyję
Patrzą a osobnik żyje.

Co jeszcze zabrać?
Żeby żyć przestał i nie żałował?
On w rewanżu ich pocałował
I odszedł gdzieś na wieś.

Wpadł na to
Ktoś mądry wpadł kiedyś na to
Że w zimie może być lato
A na jesieni wiosna
Była to sprawa głośna.

Dorwał się
Wypił dziesięć litrów wina
Coś takiego powiem panu
I chociaż nawet nie próbował
Dorwał się do fortepianu.

Grał wszystko
Co mu wchodziło pod palce
Serenady mazurki i walce
Nagle skończyły się nuty
Ale oni mu dalej bili brawa
A ta muzyka była ciekawa.

Zamotać
Koń zamotał się w pościeli
Poprosił żeby go osioł odmotał
Osioł próbował mu pomóc
I sam się też zaszamotał
Ale dziwnie się skończyło
Wół stwierdził że tam pościeli nie było.

Limuzyna
Limuzyna nie dla każdego
Tylko dla bogatego
Biedakowi stary rower
A limuzynę wymarzysz sobie
Jak ja to robię.

Do mety
Od mety dzieliły dzieliły go metry
A wtenczas pękły mu getry
I strach się pojawił na twarzy
Więc metę zaliczył tyłem
Widziałem to chociaż tam nie byłem.

Ranki
Ranki są ciężkie i taka słabość
Ale nic mi to nastanie radość
W okienku listne drzewa kosmate
I na kożuszku gorące mleko
Wita cię ranek dobry człowieku.

Dośpiewać
Co zrobić żeby być szczęśliwym?
I zawsze dobrze się miewać
Radzę jak jest mała wypłata
To resztę po prostu dośpiewać.

Znieść czy

Znieść czy urodzić zwyczajne jajko?
Zastanawiała się kiedyś kura
Wstyd się zapytać koguta gbura
A z resztą co on też może wiedzieć
On nic nie robi i leży w cieniu
A jak się wkurzy gra na grzebieniu.

Pomimo że

Pomimo tego że leją deszcze
A przy tym wiatry też wciry dają
Życie się toczy ludzie się kręcą
Ale nie wszyscy za siebie ręczą
Choć nie pracują również się męczą.

Alergia

Alergia to choroba dla zmyłki
Jest nieodporna na pyłki
Niejednego może zmylić
Po prostu niechcący zapylić
A jeszcze to dziwne kaszlanie
Jak gdyby na zawołanie.

Dyskoteka

Dyskoteka znaczy dance
Różne nietypowe tańce
Obraca ciało gdzie zechce
Tak nie ma że ci się nie chce
Masz się bujać w pląsy duże

Nawet na emeryturze.

Drakula
Pan Drakula nie przypadkiem
Zaprosił do domu matkę
Poczęstował słodkim winem
Zrobił przy tym straszną minę.

Oczami wyrwał jej serce
Wątrobę nerki i organy
Oj nieładnie się zachował
Synek matczyny kochany.

Pojąć
Zrozumieć i pojąć fantastykę
To trzeba mieć małą głowę
Zjawisko to nieokreślone
Z reguły bardzo typowe
Lepiej wcześniej problem przepchnąć
Żeby w to coś nie wdepnąć.

Zniesione wizy
Niby fajniej jest i izy
Niezły numer znieśli wizy
Stało się to w pewnym kraju
Niektórzy w to wiarę dają
To fajnie nie stracisz
Od teraz nie chcesz zapłacisz.

Rozumiejąc
Kiedy małpa człowiekiem była
Długo nie mogła pojąć
Czy sobie rozumu dodać
A może lepiej odjąć?
I wpadła na niezły pomysł
Upiła się przed kolacją
A wtedy postanowiła
Że lepiej już zostać małpą.

Sklonować
Jeden mylny z Babrzykamu
Pojedynczo w roczne święto
Zrobił pozę nietykalną
Prawie dobę się mocował
              Udało się!
Nie wie jednak co sklonował.

A teraz żałuje za to
I pewnie mu nie wybaczą
Mogą skończyć się przychody
Jak pokazują dowody.

Poczekam
Nie zgadzam się ja tego nie chcę
Sprywatyzowali powietrze
Gram kosztuje cztery złote
Dziękuję za taką robotę
Zakręciłem jedno płuco
Zaczekam aż tańsze rzucą.

Przebyć
Przebyć drogi życiu trudne
A najgorsza w tym jest nuda
Lepiej może nic nie robić
Lub wymyślić jakieś cuda.

Albo może to w południe
Kiedy słońce świeci jasne
Zmienić pożyczone grosze
Na talary ale własne.

Klaskać
Przy jedzeniu dziadek mlaskał
Zdarzało się po trzeźwemu
Ale babcię to wkurzało
Kiedy klaskał przy omdleniu.

Podatek od duszy
Powiedzieć prawdę muszę
Ważnego coś tu poruszę
W pewnym kraju się to się stało
Opodatkowali dusze.

Od sztuki jednego centa
W grę nie wchodzi niska renta
Zasiłek samotnej matki
Nowej reformy przypadki.

Malowane
Picasso umiał malować
Miewał ciągłe niedosyty
Malował złe czarownice
Twierdząc że to są kobity.

Biusty miały niewidoczne
Przypominające pinezki
Niejeden na tym się zawiódł
Obejrzał i runął w deski.

Nie będzie
Leniuchowania nie będzie
Wygonili z biura koty
Małpy słonie i tygrysy
Kaprys na wieki ma pozostać
Zaczyna się to popatrz.

Coś o zalotach
Zalecać się po co i na co?
Nigdy za to nie zapłacą
Nie polecam długich majtek nawet w lato
W myśl nowych porządków świata
Każdy może zgrywać wariata.

Sen
Iść spać czy układać się do snu
To jak czegoś trochę uszczknąć
Układać się dwie godziny

Ale niestety nie usnąć.

Zacny
Zacność teraz ma duży problem
Brakuje jej nam na co dzień
W domu na urzędzie w zagrodzie
Prawo zacności wtedy się skończyło
Gdy jeszcze ludzi nie było.

Na przekór
Na przekór jest tak wiele spraw
To zmowy milczenia machloje
Ktoś wygonił owce na manowce
A baran ich dotąd nie szukał
Okazało się że nie znalazł
Nie tam gdzie trzeba zalazł.

Perfidny
Perfidność jak czarna dziura w kosmosie
Ktoś ma wszystko gdzieś
Robi wszystko po swojemu
Świnię podkłada i cześć.

Załamanie
W duchu i słowach perfekcji próżność
Myślenie dla swojej korzyści.

A gdyby tak
A gdyby udało mi się
Pokonać ziemskie przyciąganie?
Stałbym się sławny na cały świat
Ale może jednak próby zaniechać
Ktoś przez przypadek może rozjechać.

Kolejka
Ustawiła się kolejka w alejkach
Rozumy sprzedają niedrogo
Ale wszystkie są z defektem
Nie kupię tego mądry nie jestem.

Kieruje losem
Ktoś kto losem kieruje
Niesprawdzona niewidzialna istota
Gdyby tak trzeźwo na to popatrzeć
To dobrze płatna robota.

W każdym miejscu
Coś może czyhać
Chociaż nie widać i nie słychać
A miejsca kosztują nerwy
I nierzadko grubą kasę tymczasem.

O każdej porze
Głośno szybko skutecznie niech echo usłyszy

Śmiać się wolno nawet w ciszy
W szpitalu na portalu na odwykówce
Ale nigdy w domowej lodówce.

Grzebać
Kto się grzebie niech się grzebie
Co obchodzi mnie i ciebie
Niech się chlubi tym co lubi
I swoje minuty gubi.

Rozwalić
Na ulicach zrobiło się dziwnie
Jakieś głośne dzikie szmery
I kto by o tym pomyślał
Strajkować zaczęły rowery
I problem się zrobił niemały
Bo na przodzie za pamięci
Idzie to czym noga kręci.

Zamiast
Zamiast orać wziął motykę
Łazi i się nie leni
I zasypuje kartofle
A w ręce trzyma młotek na stonki
I zapasowe w plecaku buty
A zima tęga jest mroźny luty
Został wysłany z samej Tabeli
Ale tym razem chyba przegięli.

Grabie
Grabił do siebie przez długi czas
Ograbił wszystko pole i las
Grabił i grabił aż sobie nagrabił.

Ostrzał
Nożyczki z nożem to już jest sitwa
Ale do tego dochodzi brzytwa
Siekiera topór i ostra piła
Użyte razem to już mogiła
A nie na wojnie jak jest spokojnie.

Sentyment
Mam sentyment ale krótki
Nie wiem na ile wystarczy
Uważam że nie powinienem
Marzyć o tym na co mi nie starczy.

Dojrzał
Żeby nie dojrzał żyłby do tej pory
Dojrzałe coś mu się marzyło
Mercedesa z parkingu zwinął
Razem z gazem w dal popłynął.

Dwie połowy
Podzielono komuś głowę
W szpitalu na dwie równe części

Zabieg wykonany gratis
Gratulują niech się szczęści.

Lewa strona myśli dobrze
Prawa strona krucho myśli
Więc znalazł w sadzie jabłonkę
A powiesił się przy wiśni.

Dobrze że trafił w nocy na sen
A co by to było w dzień?

Zebrały się
Spotkały się wszystkie grzeszki
Zaprowadziły gościa do gadki
Tamten wyglądnął zza kratki
Rozgrzeszenia mu udzielił
A że były to grzechy sąsiadki
Za kłamstwo lachą go zdzielił
Ale rozmowa to ważna była
Bo sąsiadka się zgodziła
I za swoje wynagrodziła.

Co mi tam
Tam nie byłem to nic nie wiem
Tutaj jestem siebie widzę
Na rencie nie oszczędzam
Na bale nie udaje się wcale
Czasami rozkładam pasjanse
Wydaje mi się że mam jeszcze szansę.

Nie będę
Taki jaki jestem drugi raz nie będę
Być może kiedyś znaczyć coś będę
Moja nadzieja mgiełką osnuta
Dzisiaj jest teraz i tutaj.

Nominacje
Niższe wyższe górne racje
Stworzyliśmy nominację
Niczym szczeble do drabiny
Ta dole robotnik szary
Liczy nuty do gitary.

Czekamy
Poczekajmy aż się spełni
Kiedyś normalność powróci
I dinozaury przybędą
Z bardzo poważnych względów.

Pomyłka
Człowiek jest bardzo bezmyślny
Zagapi się i uczyni pomyłkę
Odpali ładunki jądrowe
I kaszka mu spadnie na głowę.

Co zależy
Co zależy od nas samych

Sprawiedliwość szczęście praca
Nie mamy nic do stracenia
Bo ziemia się ciągle obraca.

Możliwości
Możliwości duże mamy
Napić zjeść i się ubrać
Mieszkać w mieście na wsi w lesie
I czekać co przyszłość przyniesie.

Medycyna
Medycyna w naszych czasach
Może pomóc i zaszkodzić
A choroba nie wybiera
I potrafi długo zwodzić.

Zdrówko
Będziesz zdrowy młody zuchu
To wykonuj wiele ruchów
Każdy gimnastyczny ruch
Wzmocni męstwo siłę słuch.

Śledził
Kiedyś nieprzeciętny cień
Śledził kogoś cały dzień
Przemieszczał się krętą drogą
Śledził lecz nie wiedział kogo
Jakby tego było mało

Nigdy to się nie wydało.

Duma
Co powodem jest do dumy
Nowa fura duża forsa
Złapanie na hak wieloryba
Albo pięćset kilo dorsza.

Na czasie
Ciesz się wesoły głuptasie
Że żyjesz jesteś na czasie
Że śpiewasz i zbijasz bąki
Podziwiasz krajobraz i łąki.

Pokutne
Na pokutę trzeba zasłużyć
Na coś takiego przyzwolić
Musowo coś takiego nagrzeszyć
Innymi słowy się cieszyć.

Opuścić na przykład pracę
Na pochodzie odpalić racę
A w ramach prawdziwej pokuty
Łyżwy w lipcu i ciasne buty.

Energia
Energia pochodzi z kosmosu
Jest zrządzeniem zwykłego losu

Porcjowana przez niewidzialny dział
Żeby człowiek coś z tego miał.

Za darmo
Energie dawane za darmo
Nazywane zwykle karmą
Są proste w codziennej obsłudze
Rozumiem to kiedy się budzę.

Dinozaur
Pan dinozaur dostał czkawki
Aż się domy trząść zaczęły
A uliczne wielkie lampy
Aż do ziemi się przegięły.

Nagle dzwon z daleka zabrzmiał
Dinozaur zląkł się zadrżał
I przypomniał sobie klątwę
Czy da na talerzyk?
      Wątpię.

Gałganeria
Naścibulili niemało
I udają wielkich panów
Nie uznają ruchu ludzi
Śmieszność zwykłych życiorysów
O kim mowa?
    O tych ze Zwisu.

Osoba
Reprezentuje człowieka
Zawsze na coś się wścieka
Niejeden pomaga jest grzeczny
A inny jest niebezpieczny
Przemawia gdzieś z górnej strony
I straszy złem pomylonych
Widłami i tępym mydłem
To już działania przebrzydłe.

Co by to było?
Co by się działo gdyby nie było czegoś?
Byłoby na pewno smutniej
Oni poszli by się bujać wszystko by potaniało
Oj dużo by się działo.

Gonić
Po co za pieniądzem gonić
Męczyć się żeby go złapać
Pienić się i głośno sapać
Trzeba chcieć żeby je mieć.

Nie zgubić
Żeby znaleźć trzeba zgubić
A odwrotnie żeby znaleźć
Aby urosnąć wysoko
Nie trzeba zmaleć.

Zadarł się
Gościu zadarł z Ozyrysem
I skończyło się kryzysem
Nie chciał duszy swojej zważyć
Ozyrys wpadł w ostateczność
Uważał to za konieczność
Zablokował całą wieczność
I ludzie zostali na ziemi
Do tej pory aż się ściemni.

Nie do wiary
Stało się że nie do wiary
Niektórzy nagle przestali kraść
A na taki pomysł wpaść
To trzeba być skurczybykiem
To zupełnie inna prawda
Oni stworzyli krytykę
To to samo jak mataczenie
A na dodatek w stołki wędzenie.

Rozwalanka
Rozwalanie gdzieś od góry
Tak ogromne że aj aj
Taki jeden skądś przyjechał
I zakupił cały kraj.

Pomysł taki i nie gorszy
Kupił wszystko lecz bez forsy
Bez kredytu lecz z zamiarem
Od procentów nałożył karę.

Wyszła
Za mąż kiedyś żona wyszła
Mimo że on ją wyzywał
Nawet tego nie wiedziała
Jak naprawdę się nazywał.

Wiedziała
Ona wiedziała że on był głuchy
Pił krew czerwoną miał modne ciuchy
W końcu wydała się sprawa cała
Bo tak naprawdę nic nie widziała.

Brak pamięci
Od czego zależy pamięć?
Od wieku siły inteligencji
Od pozycji od pensji
A czym się pamięć mierzy
Metrówką czy na wadze?
Miejmy to na uwadze.

Dylemat
To bardzo poważny dylemat
Że bez wysiłku ręce i nogi się pocą
Sto kilometrów przebiegł
Ale nie wie czy za dnia czy nocą.

Cesarz
Słynny Cesarz Toredeon
Zawsze twierdził że to nie on
Że to jego sobowtór z Primu
Napluł wojennego dymu
On na łódce się urodził
Nigdy nikim nie dowodził
Obce mu jakieś okopy
I nie widział Antylopy.

Po prawdzie
Po prawdzie to nie jest prawda
Ogłaszanie się nie sprawdza
I udziela się nachalnie
Dziwnie niewyobrażalnie
Obleczone słowa kunsztem
Spory czy aby na pewno
Coś to jest od zawsze żółte
A powinno być w czarne paski
Stąd takie powstają niesnaski.

Ale wariat
Wypuścili ze szpitala wariata
Po co go leczyć lepiej niech lata
Płuc i nerek nie posiadał
Sam siebie w szpitalu badał
Szkoda wody dla wariata
Wnet zmądrzeje jak polata.

Narozrabiał
Narozrabiał pewien gościu
I podobno straci pracę
Za darmo pocieszył owcę
A forsę wziął za barana
Grzech śmiertelny i to z rana.

Zadanie
Sprawa to będzie najprostsza
A najlepiej takiego gościa
Trzeba niezwłocznie znaleźć
Żeby wykonując pracę
Nosił po obrzędzie talerz
Żywo za piwo.

Sprawdziło się
Niestety prawda z archiwum wyciekła
Płacisz bo się boisz złego
Chmura na niektórych zeszła
Dlatego.

Wałkoń
Trafiło to na wałkonia
Chciał on konia zrobić w konia
Nie raz ale parę razy
Zamiast owsa dał mu sól
Nagle dostał w tyłek kopa
Aż się rozleciała szopa.

Nie będzie
I mamy kolejny nakaz
Używania pasty do zębów zakaz
Bo jest niebezpieczna kurde
Co drugi to robi burdę
Co pierwszy to dziwnie sepleni
Najgorzej to na jesieni.

Babrzykan
Babrzykan należy do Fato
Pilnuje go rzesza rycerzy
Uzbrojeni w łuki i znicze
Ale przebaczają za to
Uszczelniając złości watą.

Fałszywi
Fałszywych mądrali jest wielu
A takie głupoty gadają
Że aż miotła w kącie się wzdraga
A szufelkę nawala zgaga.

Idealna pustka
Pustka jako taka nie istnieje
Nie ma końca ani początku
Nie wspominam już o środku
Ile gwoździ tyle młotków
Kto udowodni że rzeka nie ma dna
Kto się odważy?   Ba.

Wiemy że
Nie da się żyć bez powietrza wody słońca i pożywienia
Nie istniejąc żyć się nie da
Nie kupi i nie sprzeda odwrotnie namalowanego obrazu
Ani razu.

Za darmo
Są przesłanki gdzieś z oddali
Że komuś mózgi wyprali
A użyli proszek tani
W starodawnej pralce Frani
Wymiotło ich z życiorysów
Z przynależnością do Kaprysu.

Nie bądź
Nie bądź gniewny i nie fukaj
Nie pasuje kwaśna mina
Uspokoić się uśmiechnąć rozluźnić
By do pracy się nie spóźnić.

Kozi róg
Długo myślał aż się zmógł
Nagle stanął na krawędzi
Popatrzył daleko do ziemi
W kozi róg on się zapędził
Opamiętanie go dotknęło
I nieszczęście ominęło.

Przemijanie
Przemijamy tylko cieleśnie
Ale nigdy duchowo
Drzwi przestrzenne otwarte
I żyjemy na nowo.

Podołać
Widać to jest jak na dłoni
Bieda tego nie dogoni
Kto ma nadzieję i do życia chęci
To zawsze łeb biedzie ukręci.

Kapitał
Ktoś o coś się kiedyś zapytał
    Skąd to bierze się kapitał
    Z pracy gadki oszczędności
    A może do kasy miłości?

Kultura
Na początku naszych czasów
Kulturalnie z dobrą normą
Uśmiechano się szybciutko
A płakano bardzo wolno.

Teraz jest zupełnie odwrotnie
Połączono wszystko w jedno
Uśmiech połączony z płaczem

Wygląda to zupełnie inaczej.

Żałość
Rzeczywistej drogi całość
Po drodze wlecze się żałość
I szuka dla siebie pocieszki
Od guzika do podszewki
A to nie są już przelewki.

Fatalnie
Wyglądało to na spisek
Koń panu wylizał półmisek
A fatalnie się skończyło
Owsa koniowi ubyło.

Usłyszeć
Usłyszał o sobie wieści
Z biura od Siedmiu Boleści
Gdzie panuje pogarda i dym
Chwalić by się tylko czym?

Odkrycie
Ktoś kto odkrył zwykły ruch
To był jednak niezły zuch
Nie otrzymał nagrody Nobla
Ale ma pierwsze miejsce z wfu
A to jest jedyną pociechą.

Sondaże
Sondaże na każdym kroku
Zależnie od pory roku
Na jesieni są ponure
W zimę przeważnie mroźne
Na wiosnę rezolutne
Dla odmiany w lato rozrzutne.

Dyskryminacja
Wujek ciotkę dyskryminował
Ciągle szminkę jej chował
Bo malowała się na noc
I nie mówiła dobranoc.

Ostrożnie
Ostrożnie z ogniem i się nie chwalić
Bo można sobie cosik przypalić
Na przykład wąsy lub brodę
I mamy szkodę.

Rodzeni bracia
Totalitaryzm i fiskalizm
To są rodzeni bracia
Łupią grabią i się panoszą
Sprawiedliwości nie uważają
I źle w sondażach też wypadają.

Statystyki
Statystyki na papierze
To jak jazda na rowerze
Ale odwrotnie i bez steru
Zwyczajna kupa papierów.

Przyrost
Dziś podały wiadomości
O wielkim przyroście ludności
A żeby to przezwyciężyć
Bezpłatne wizy na księżyc
A w samolotach wygody
Pionowe wpadania do wody.

Zamiast
Przykro mi takie są czasy
Zamiast zarobić to musisz stracić
Nie dość że może i tak jesteś biedny
To ci się jeszcze każą wzbogacić.

Służba zdrowia
Służba zdrowia podupadła
Wysiadły w niej bezpieczniki
Lekarze i pielęgniarki
Zwiewają bo drogie zastrzyki.

A temu trudno zaprzeczyć
To system się z lekka musnął
Ktoś z piątku na poniedziałek

Ubezpieczenia uszczknął.

Odkrycie
Ktoś odkrył drogę do szczęścia
Nie otrzymał za to forsy
To wcale że od tego co odkrył nieszczęście
Może być tylko gorszy.

Lipnie
Takiej przygody jeszcze nie było
Nim się zaczęło już się skończyło
A tak naprawdę to nikt nie wiedział
O co chodziło.

Wkradła
Wkradła się babcia do łóżka dziadka
Dziadek o tym nie chce słuchać
A to chodziło tylko o głupstwo
O jakiś balon tylko nadmuchać.

Zarzut
Okazało się że w zarzucie
Była mowa o walucie
Którą ponoć Hyży zwinął
Przyswoił i gdzieś popłynął
Nie można mu tego zarzucić
Ale powinien zwrócić.

Sprzyja
To nie do końca jest powiedziane
Sprzyjanie jest zawsze mile widziane
O każdej porze dnia i nocy
We śnie później nie wcześniej.

Woleć
Co można woleć?
A co nie?
Któż to wie?

Bełkot
Nasze czasy są burzliwe
A do tego bełkotliwe
A może dodać toporne
Za przykład podajemy normę.

Wielkie dzieła
Utrwalone mądrości w księgach
Dają wielkie satysfakcje
Lecz autorzy tych dzieł mądrych
Nie we wszystkim mieli rację.

Lewica i prawica
Po lewicy i prawicy
Oszaleli co niektórzy

Każdy mówi nie do rzeczy
Jedno drugiemu przeczy.

Nie bój się Boga
Ktoś twierdzi że Boga się trzeba bać
To jest dziwne nieprzyjemne
Bóg jest duchem naszym stwórcą
Przebywa i w tobie i we mnie
Każdą chwilą daje o osobie znać
Więc dlaczego mam się siebie samego bać?

Za modą
Może trzeba pójść za modą
Nie oglądać się do przodu
A może by korzystniej było
Nauczyć nie stąpać do tyłu.

Diagnoza
Zdiagnozowali chorego smoka
Na operację jest już gotowy
Problem w tym że mózg ma jeden
A tylko dwadzieścia dwie głowy.

Bajka
Baju baj mamy po prostu raj
A w nim małżeństwo i niebezpiecznego gada
A tak się często dziwnie składa.

Droga
Nie wszystkie drogi są długie
Bywają też bardzo krótkie
A bóle głowy i zapaści
Zdarzają się nawet od maści.

Doceniony
Nie docenili go
Zasady zmienił
Sam się docenił.

Paskudny
To nieprawda że dzień jest paskudny
Choć leje jak z cebra
                    Febra.

Nie tędy droga
Prześcigają się epoki
Co nastanie to jest inna
To że ludzie kręcą lody
To wynika z takiej mody
Straszne wojny i podziały
Obrażanie siebie i Boga
Zmierza ku wielkiej zadymie
Ziemia tego nie wytrzyma.

Niezrozumiałe
Pogłębiające się podziały między ludźmi
Dokonania strasznych rzeczy
Wydaje się takie normalne
A jedno drugiemu przeczy.

Niebezpieczni
Niebezpieczni co niektórzy
Wydają głupie rozkazy
Trują społeczność ludzką
Rozsiewając straszne gazy
Niezrozumiały szyderczy gest
Niestety tak jest.

Walka
Walczymy między sobą
O zwykłe jedzenie bez przerwy
Narażając zdrowie nerwy
A lekarstwa coraz droższe
I sumienia też uboższe.

Po stopie
To przez znak stopu jeździec nie żyje
Koń już dwa lata w więzieniu gnije
A ta tragedia była w wyniku
Koń sto czterdzieści miał na liczniku
Nagle zatrzymał się na tym stopie
I już po chłopcu.

Zbladł
Woźnica kupił nowy bat
Chciał koniowi zrobić prezent
Koń jak ujrzał taki prezent
Szybko schował się pod brezent
Choć był czarny nagle zbladł
Kto zawinił chłopiec czy bat?

Ciągle mało
Niedosyty się zdarzają
Coraz więcej by się chciało
Co się wiąże z dobrobytem
A zapominamy przy tym
Nikt ze sobą nic nie zabrał
Jak do tej pory. Sorry.

Wykroczenie
Wykroczył poza przepisy
Zdarzyło się człowiek łysy
Wywiązał warkocze na głowie
Ktoś aż wezwał pogotowie
Przyjechał psychiatra
A powinien był pediatra.

Pomyłki
Pomyłki kosztują drogo
Poszedł do doktora z nogą
Ale chory był na serce

Nie stwierdzono mózgu i śledziony
Nie umarł był zaskoczony.

Odpadł
Odpadł i podpadł a jednocześnie
Zamiast rakiety wysłał w kosmos czereśnie
Ale podobno był generałem
Wszyscy się śmiali a ja płakałem.

Światopogląd
Poglądy na sprawy światowe
Są jak najbardziej na czasie
Ale wszystkiego ogarnąć
Nie da się w czasie.

Wił się
Udawać węża trzeba się wić
Ale najlepiej jest pod jabłonią
Tylko nie radzę sięgać po jabłko
Złapią wygonią.

Asysta
Turystyka ma poparcie
Niezłe fury świetne żarcie
I asysta ochroniarzy
Nikt się dotknąć nie odważy.

Stara sztuczka
Stara sztuczka to na wnuczka
Jeszcze nowsza na łabędzia
Kasę wcięło babcia dryga
Sędzia jeszcze dziadka łaje
A patrząc na dochodzenie prawdziwie
To serce na tępo się kraje.

Korona
Kto był królem to pamięta
Że korona to rzecz święta
Ale żeby na nią zasłużyć
To trzeba sumienie zadłużyć.

Teksty
Pewne teksty nieuprzejme
A jest ich niestety wiele
Spadaj bujaj się krokodylu
Słychać w barze i w niedzielę.

      Ale to jest bez znaczenia
Stwierdziła gdzieś to dziewica
I do tego tak dobitnie
Aż się zapaliła świeca.

Czarny humor
Czarnym humorem się szczycić
Jest nieprzyzwoicie
Ale niektórym to się podoba

Tym co przeważnie ćwiczą podróbę.

My sami
My sami utrudniamy sobie życie
Stwarzamy częste problemy
Jest tak że robimy pewne rzeczy
Których naprawdę nie chcemy.

Specjaliści
Specjaliści tacy od ognia
Tak zwane obronne military
Wywołują światowe niepokoje
Niszczą dobra ale nie swoje.

Zła pochwała
Chwała pochwalonym
Tylko za co i przez kogo?
Zabijają się masowo ludzie
Co niektórzy na tym świecie
Powinni się w końcu obudzić.

Narodowe wnioski
Narodzie z miasta i wioski
Wyciągnij nareszcie wnioski
Nie pozwól sobą pomiatać
Co niektórym fotelowym
O znęcaniu nie ma mowy.

Emocje
Badania do spraw emocji
Nastręczają tak wiele opcji
Emocjonalne podchodzenie
Do wielu spraw kończy się nieswojo
Nie wszyscy się tego boją.

Odzyskać
Czego można się spodziewać
Że ktoś doda nas do konta?
Ktoś umyje za nas zęby?
Bałagan w pokoju posprząta?
A może nawet pochwali?
                          Z oddali.

Nie będzie
Nie dogonisz swego czasu
Choćbyś dzień i noc pracował
Myślał ćwiczył kombinował
Udzielał się wiedzą i siłą
Nie dogonisz tego co nie było.

Środek nocy
Środkiem dnia jest dwunasta godzina
A nocy ta sama nad ranem
Niewskazane są nocne spacery
Bo można mieć przechlapane.

Służyć sobie
Usłużyć by sobie wypadało
Problem w tym że czasu za mało.

Wysłuchał
Ktoś ten rozmowy wysłuchał
I żadne są z tego wnioski
A działo się to w kraju
Gdzie nastał ustrój batowski
I nic nie zrozumiał po temu
Podobało się to jemu.

Kto zleca?
Ale heca się wydało
Błędy lepszej propagandy
Ktoś promuje dziwny program
Opłaca zwyczajne grandy
Za nieswoje pieniądze
Nie jest to dobre tak sądzę.

Komiczna sytuacja
Ktoś bierze ślub po cichu
Bo zakochał się w biedaczce
I to z dziewką bardzo lichą
Co nie je bez przerwy płacze
Nie wiadomo czy ze szczęścia
Czy z tego oto zamęścia.

Oburzenia
Oburzenia mają zniknąć
W nadchodzącym roku z marcem
W założeniach ustalono
Co szkodliwe gospodarce.

Koniec z oburzeniem ojców
Matek stryja wuja dziatek
Oburzysz się a jak namierzą.

Zapłacisz słony podatek
A dodatkowo ukarzą postem
Złamałeś prawo
Witaj pod mostem.

Zwykli ludzie
Zwykłych ludzi nie było
Nie ma i nie będzie
Są tylko ludzie niezwykli
To tacy co do siebie przywykli.

Uświadom sobie
Jestem duchem twierdzę śmiało
Żyję pracuję używam w mowie
Obleczony w twoje ciało
Ciekawie przyglądam się tobie.

Nagle w środku jakieś szmery
Nie słyszysz bicia pukawki
Dostałem czkawki i oczy robię

Uświadom sobie.

Ekipy
Co nowości to zadyma
Rewolucja prądu nie ma
Zgiełk uliczny i na polu
Kot wisi na żyrandolu
Zając w lesie ledwo zipie
Małpa w ogonek się szczypie.

Nasze winy
Dnia pewnego rolnik z gminy
Zauważył w skibach winy
Z dawnych czasów winy dziadka
To ciekawa jest zagadka.

Zgodnie z obyczajowością nową
Winy przeszły na teściową
A nie pomijając teścia
Sztuk około sto dwadzieścia.

Wolność
Kto o wolność walczy to może zginąć
Ale po drodze z prawdą się minąć.

Zmyślak
Niezły to zmyślak otrzymał rentę
Nie chciał pracować więc sprzedał piętę

Młotkiem na plecach wykuł trzy garby
Teraz nie musi za żadne skarby.

Teoria i praktyka
W przeszłym życiu bywał bossem
I poddanych smagał batem
W tym życiu jest listonoszem
Chodzi w pracy pod krawatem
Przedtem robił to fachowo
A obecnie umysłowo.

Zemsta
Sługa spożył kiełbasę
Za prawie całą pożyczkę
Pan mu skórę pociął pasem
Dodatkowe w nosa prztyczki
To wszystko jest z winy pożyczki.

Kiedyś
Nie wiadomo co się stanie
Gdy się kiedyś czas zatrzyma
Dobrze jak trafi na lato
A jak będzie mroźna zima
Jak tu mieć do życia chęć?
Na dworze minus sto czterdzieści pięć.

Zebrać myśli
Czasami to trzęsie febra

Jak potrzeba myśli zebrać
Żeby siebie nie przecenić
To może głowę wymienić
Na laptopa wcześnie rano
Że o tym nie pomyślano.

Modne
Świat za modą się ugania
A nieraz aż oczy zasłania
Modne nogi i kieszenie
Malowane przyrodzenie
Hułałeje i dżipiesy
Modne ale czy wygodne?

Rozbił
Nie udało się za wcześnie
Pan ten rozbił auto we śnie
Ale ten przypadkowy sen
Niestety sprawdził się w dzień.

Bunt
Ktoś buntuje się bez sensu
I to jeszcze przeciwko sobie
I stwarza często problemy
A dlaczego to nie wiemy.

Nie wierzcie
Ludzie normalni XXI wieku

Żeby w końcu zrozumieli
I normalność na co dzień
Do świadomości przyjęli.

Zostawmy
Zostawmy może pewne sprawy
Dla nas samych nieprzyjemne
Przodkowie nasi nawarzyli piwa
Zejdźmy normalnie na ziemię.

To jest ważne co jest dzisiaj
I trzeba oczy otworzyć
Chodzi o to by było
Po prostu co do garnka włożyć.

Nie ma odwrotu
Nie ma odwrotu od życia
Urodziłeś się dostałeś szansę
Jesteś człowiekiem a mógłbyś być szympansem
Dziękuję za wszystko mojej Bozi
I wierzę że wszystko się dobrze ułoży.

Puste słowa
Puste słowa się trafiają
Ale dlaczego są puste?
Śmiem twierdzić że to zając wynalazł
A człowiek posadził kapustę.

Za chwilkę
Po co często darmo gadać
A z niczego się wygadać?
Liczyć że ćwiartkę postawi
Ktoś tam za darmo nasz byt poprawi.

Sposoby
Na wszystko mieć sposób jest niemożliwe
Coś się po drodze może zakręcić
Najlepiej nie ufać emocjom
I nie dać się przy tym zniechęcić.

Nie było
Nie było nigdy równości
Prawdy i prostej miłości
Były ustroje koślawe
Bez względu na całą sprawę.

Głupio beczeć
Głupio płakać za pieniądze
Jak płakać to wiedzieć za co
Ale prośba tutaj taka
Żeby oczu nie wypłakać.

Wredny malarz
Był malarzem z długim stażem
I wróżbitą na dokładkę

Nieszczęsny tak po pijaku
Sparodiował własną babcię
Zasmarkaną rozczochraną
Smutną i niemodną i do siebie niepodobną
Sprawa się rypła i babcia kipła.

Szczęście
Czy szczęście nas samo dogoni?
Na pewno gdy zapragniemy
Szkoda że nie wiemy kiedy by to było
Byleby nam życia starczyło.

Nieważne
Nieważne w którą stronę idziemy
Ale ważne że w różnym czasie.

Co dalej?
Co przyniesie jutro nie wiem
A może by tak było wygodniej
Zakupić najlepsze tygodnie.

Nabrany
Nie jeden się na to nabrał
I o mało nie dostał zawału
Na koncie były miliony
Ale chyba mu się tylko zdawało
Przed zerem nie było jedynki
Tylko samiutkie przecinki.

Rola
Rola inna nazwa pola
Na którą składają się piaski
Spróbować zaorać pole
W lewą stronę skręcić skiby
Dla zmylenia tak na niby.

Stara się
Ziemia się jak może stara
Obraca się na orbicie
Ze wskazówkami zegara
A czas się do niej przykleił
I ciągle nie traci nadziei.

Nie było
Nie byłoby problemów
Gdyby ludzi na świecie nie było
A w przeciwnym przypadku są duże
Bo człowiek nie dość że sobie szkodzi
To jeszcze się sprzeciwia naturze.

Wygląda na to
Ziemia jest na krawędzi zagłady
Trzecia wojna tuż za progiem
Wygląda na to że się udamy
W ostatnią niewiadomą drogę.

Kto komu
Pan jego tonął wołał pomocy
Sługa na pomoc jemu się śpieszył
Ale nie zdążył bo się rozmyślił
Sam się powiesił.

Nie martwić się
Czy się martwić czy nie martwić
To nie ma żadnego znaczenia
Zmartwienie wpisane jest w życie
I nie jest to żadne odkrycie.

Do czego
Od maleńkości zmierzamy do czegoś
Niechybnie do swojego końca
A nigdy nie odwrotnie
Niestety bezpowrotnie.

Błędy
Błędy wypaczenia i niedoróbki
Nie przynoszą chluby i radości
I nie należą do rzadkości.

Trzeba
Żyjemy dniem i nocą
Czoła i ręce się pocą

A tak naprawdę nie wiemy
Dlaczego dla kogo i po co.

Mózgi
Ruszyła produkcja mózgów
Odpornych na wszelkie przeszkody
Niedługo się przekonamy
Jak spadną nasze dochody.

Brak
Nie ma odpowiedzi na wiele pytań
A zadających pytania jest wielu
Dlaczego dla przykładu nieżyjący
Nie może skorzystać z hotelu?

Dręczyć
Delikatnie prosimy się dręczyć
Tak żeby się za bardzo nie zmęczyć
Bo dręczą się tylko frajerzy
Tacy co im nie zależy.

Niczyje
Z różnych niewiadomych przyczyn
Ktoś się nie zajmuje niczym
I dlatego długo żyje
Bo on częściej daje w szyję.

Zmiany
Jak zmieniają się zasady
Opisać już nie ma sposobu
Dotyczy to wielu ludzi
A przeważnie tych od sposobów.

Dać i zabrać
Najpierw zabrać potem dać
Czy to mądre i roztropne?
A zacząć tego dochodzić
Korzystniej jest najpierw umrzeć
A później dopiero urodzić.

Lecą
Dni lecą jak im się podoba
Od niedzieli do soboty
Ktoś kto liczy dni bez przerwy
Bo nie ma innej roboty.

Na leżąco
Ktoś takiego coś wydumał
Co miał umrzeć na leżąco
Lepiej i byle jak żyć
Ale pewniej na stojąco.

Szczęście
Szczęście to rodzaj nagrody

Liczne na to są dowody
Gdy się trafi udko w zupie
Wygrasz w loterii miliona
Możesz złotą rybkę złapać
I po tyłku się podrapać.

Istnienie
Za istnieniem stoi siła
Twierdził kiedyś Święty Jonasz
Z drugiej strony to i po co
Bać się czegoś we śnie nocą?

Dylemat
Zakrawa to paranoją
Oni się ciągle go boją
I to jest niezła ściema
Bo jego naprawdę to nie ma.

Nie i już
Nie utopi się dlatego
Powie prawdę w stu procentach
Bo jutro będzie wypłata
Może zrobi to po świętach
A teraz siedzi na brzegu
Na zdjęciu są tego dowody
I będzie musiał odpuścić
Bo w rzece nie ma wody.

Wielkie czyny
To mają być wielkie czyny
Ogromne osiągnięcia
Na zdjęciach.

Naprzeciwko
Narozrabiał w lesie tygrys
Komuś coś tam ponoć wygryzł
Ale zrobił to przez sen
Na trzech łapach łazi w dzień.

Wolność
Do wolności dorosnąć trzeba
Właśnie na to zawsze liczę
Wyrzucić zbędne petardy
I proce przeciwlotnicze.

Za kogo
Za kogoś się modlić nieszczerze
Bezmyślnie klepać pacierze
Ale przypomnieć tu muszę
A kogo ten proces dotyczy
Niech na pochwały nie liczy.

Nie rozumiem
Dojść powinno z każdym wiekiem
Jak przykro być takim człowiekiem

Złym pełnym nienawiści
O kęs strawy z kimś się spierać
I o byle coś tam wadzić
To już lepiej się wysadzić.

Nowy haracz
W pewnych krajach na świecie
Wprowadzono od niechcenia
Dziwny podatek od wypróżnienia
Nic za darmo jak do tej pory
A na sedesach rejestratory
Od teraz bulisz kolego równo
Rejestrowane masz własny odchód
I tracisz dochód.

Piszczy
Nic nie jest wieczne to jest wiadome
Czas zrobi swoje najtrwalsze zniszczy
Ale to dziwne niezrozumiałe
Trawy nie było a coś w niej piszczy.

Dobrzy ludzie
Dobrzy ludzie się trafiają
Darmo pomogą pożyczą
Tylko jest tu jeden problem
Mieszkają gdzieś na księżycu.

Okoliczność
Sytuacje to normalność
Po prostu nieodwracalność
Coś w rodzaju trzaśnięcia biczem
Jeden raz oddaję dwa razy pożyczę
Dobrze sprawdzona to jest praktyczność
Ale przypadkiem może zawodzić
Jeden raz więcej na okoliczność.

Ufność
Ufać sobie i komuś
W pracy w sklepie we własnym domu
Ale nie ufać odwrotnie
I coś stracić bezpowrotnie.

Przeginanie
Nie przesadzać w piciu trunków
Lepiej wpierw wyperswadować
Bo można się pełnym rynsztunku
Bezpowrotnie wyprostować.

Hymn
Wyśpiewali cały hymn
I zaczęli wielki dym
Wzięli miecze w swoje łapy
Zaczęli ścinać sobie czapy
Po wojnie jest głupio i zimno
Nie ma komu śpiewać hymnu.

Zmartwychwstanie
Zmartwychwstanie to pół biedy
Tylko nie wiadomo kiedy
Uda się jak nie podpadnę
A to tłumaczenie żadne.

Nie ma
Wygaszono wszystkie huty
Zamknięto wszystkie kopalnie
Walnie w ziemię czy nie walnie
Aż tu nagle dech zapiera
Nietoperze na rowerach.

Smocza jama
Ktoś wypuścił wiadomości
Choć wygląda na reklamę
W ramach poglądów miłości
Sprywatyzowali jamę.

I to na nic nie patrzyli
Smoka wypatroszyli
Smoka bez oka na emeryturze
To bestialstwo jest i duże.

Między innymi
Nuklearna swołocz czyha
A nie jest to bestia licha
Zniszczy wszystko pola domy

Butelki słoiki zakrętki
Spuści powietrze z dętki i brzucha
Co potrafi zawierucha.

Stać się może
Stać się może psia go mać
Ale co może się stać?
Jak już wszystko się stało
Co być miało to się działo
Niejednemu wejdzie w głowę
Idzie nowe.

Ścieżka zdrowia
Ścieżką zdrowia jest zwykły ruch
Machasz łapkami to jesteś zuch
Używaj sportu jak tylko możesz
Przez całe życie o każdej porze.

Prawda
Prawda jest tylko jedna
Warto pomyśleć o niej
Ale trzeba wziąć poprawkę
Po czyjej prawda jest stronie?

Co się kryje
Co spotykamy na ścieżce zdrowia?
Dyscyplinę sportów wiele
Boiska sportowe i korty

A i papierosy sporty.

Podwójne życie
Każdy życie prowadzi podwójne
Zgodnie i regulaminowo
W jedną stronę materialnie
A w drugą musowo duchowo.

Otchłanie
Zięć przyłożyć go do rany
Przez teściową podziwiany
Wykupił jej w otchłaniach wczasy
Żeby pozbyć się kłopotu
      Bez możliwości powrotu.

A wydało się to wreszcie
Bo wygadał się przy wódce
Nawet brudzia rąbnął z teściem
Na dni cztery przed aresztem.

Na akord
Zabrzmi to niewdzięcznie gorzko
Napisano na billboardzie
Zawisła chmura nad wioską
Nakaz modlenia w akordzie.

Sto paciorków na rodzinę
I to w trzydzieści minuty
Nie wyrobisz się niedobrze
Dostaniesz łańcuchem po torbie.

Czy to nie jest już przesadą?
Ta kara w ramach pokuty
A kto torby nie posiada
Zmienią mu na ciasne buty.

Niemiło
Oj zrobiło się niemiło
Na takie coś się odważył
Przyczepił się o coś do duszy
I za karę tak go suszy.

Dajcie spokój
Niepokoje są nieznośne
Napędzają straszną biedę
Ktoś kto stwarza zagrożenie
I udziela w tym przewlekle
Dostanie po głowie na ziemi
A poprawkę jak się ściemni.

Sprzedaż
Zeus ma powód do dumy
Sprzedał dziś wszystkie pioruny
Za pół ceny do Trąbeli
Żeby Runię na pół podzielić.

Za co?
Za co można trafić do zimna

Że ktoś często jest niedobry?
Dla żony i teściowej czy teścia
A jeżeli chodzi o górę
To nie było o tym mowy.

Egzorcysta
Zatrudniono egzorcystę
Żeby wygonił duchy nieczyste
Choroba nie byle jaka
Bo dotyczyła pijaka.

Zły nie wykonywał poleceń
Sytuacja stawała się przykra
Opuścił ciało osobnika
Gdy ujrzał na stole pół litra.

Prywatyzacja
Z kosmosu nagle wyciekło
Sprywatyzowano piekło
A co jest największą pociechą
Przyjmują tam teraz bez grzechów.

Tąpnięcie
We wszechświecie coś tąpnęło
Wydaje się że wszystko stracone
Przyciąganie ziemskie te same
Ale w odwrotną stronę
Gdy nie masz ochoty na górkę
Musisz się przywiązać sznurkiem.

Nie stracić
A kto się urodził biednym
Musi pomyśleć o jednym
A o drugim jednocześnie
Wzbogacić się jak najwcześniej.

Na co dzień
Spotykamy się z tym na co dzień
Jest robotnik jest i hrabia
Ale w tym drugim przypadku
Góruje hrabia lepiej zarabia.

Mijać z prawdą
Wielkie rzeczy i małe rzeczy
Też się mogą z prawdą mijać
Żeby pokój zaprowadzać
Wcale nie trzeba zabijać.

Sprzeczka
Głodny spierał się z szalonym
O maleńką kromkę chleba
Nagle się pojawił ptak
A skończyło się byle jak.

Mędrzec
Uczonemu się przyśniło

A to już za którymś razem
Że zamiast Nobla dostał obrazek
Ale przepadł wynalazek.

Nic
Przed naszą erą nie było sklepów
Bo dinozaury wszystko zeżarły
Ktoś wpadł na pomysł na kaktusy zrobił bonusy
Nie wytrzymały gady umarły.

List
Ktoś napisał list do nieba
    Czy to prawda Boże drogi
    Że gdy oczęta się zamkną
    Jednocześnie prostują się nogi?

Duch natychmiast list przeczytał
I dziwnie się teraz czuje
Odpisał że to nie jego biznes
Jak nie chce to niech nie prostuje.

W otwarte karty
Grać w otwarte karty ze złym
To można napytać sobie biedy
Złego nie będziesz widział
Ograją ciebie twoi koledzy.

Dwa wyjścia
Jedne drzwi a dwa wyjścia
Ktoś wyszedł i przyszedł jednocześnie
  Później
    I wcześniej.

Zaprzeczyć
Nie zaprzeczyć w pewnych sprawach
Choć wydają się dziecinne
A może to wszystko zostawić
Co wydaje się nagminne.

Lawina śmiechu
Ruszyła lawina śmiechu
Bardzo dziwne że od dołu
A najgorsze jest dlatego
Śmieją się nie wiedząc z czego.

Zmieniać świat
Zmieniać świat to chyba żart
Warto przy tym coś nadmienić
Może wcześniej się urodzić
A później tego dochodzić.

Ukręcić
Bat ukręcić to na siebie
A żeby później od siebie wymagać

I spróbować jak to działa
Najpierw swoje plecy wysmagać.

Zdarzenie
Pewien człowiek niezbyt młody
Dowiódł właściwości wody
Wykopał rzekę bez dna
A teraz się dziwnie ma.

Jędza
Typem nędzy bywa sknera
Taki o wszystko się spiera
Może zbierać na wymioty
I dodatkowe kłopoty.

Zmienić w czasie
Nic w czasie zmienić się nie da
Można tylko przytakiwać
A myślami i bezpłatnie
Dla przyjemności przebywać.

Dwie strony
Sytuacja była taka
Wyprodukowano grosiaka
Który posiada dwie strony
A za nim poszły miliony.

Pod uwagę
Pewien nadzwyczajny gość
Pod uwagę wziął to coś
Ale to czego nie było
I bardzo to go zaskoczyło.

Zdolności
Do malowania trzeba zdolności
I również chęci i własnej prawdy
A proszę o tym nie zapominać
Niezbędne również kredki i farby.

Wybrać
Między prawdą a kłamstwem
Jest przerwa co nazwy nie posiada
To rezerwa i ściema
To jest coś czego nie było i nie ma.

Lepiej
Lepiej być biednym czy bogatym?
To są dwie strony medalu
Czy to coś zmienia?
W pierwszym i drugim coś do stracenia.

Gdyby
Z niczego nic nie wynika
A z czego czy to jest to samo

Ktoś jeszcze się nie urodził
A już go brawami powitano.

Wszystko i nic
Wszystko i nic się nie dzieje
Jak codziennie ranek się budzi
Wydaje się że na sto procent
Świat jest zależny od ludzi.

Zmiany
Zmiana na oko to nie widać
Ale powietrza jest coraz mniej
Kiedy płuca wyjdą z mody
To oddychać będzie lżej.

Menda
Menda to odmiana pierdoły
Ktoś kto lubi kacapoły
Zdarza się że bałamutny
Ale z reguły jest smutny.

Rozmowa
Usiadł obok siebie i ze sobą pogadał
Sam siebie wyspowiadał
Oczywiście się rozgrzeszył
I długo się z tego cieszył.

Równość
Żeby do równości dorosnąć
Trzeba mocno mózgiem wstrząsnąć
Dobrze wygrzać się na słońcu
A równość otrzymasz na końcu.

Daleko
Gdzieś nad rzeką pojawili się wandale
Zwinęli rzekę chyba
Wkurzyli wieloryba do cna
I niestety odeszli bez dna.

Udawał
Jeden taki udawał małpę
Wdrapał się wysoko na skarpę
Zawiązał oczy i skoczył w dół
Nic nie widział tylko czuł.

Oddał
Dobry uczynek zrobił
Oddał to czego nie miał.

Być
Nie udowodnisz
Że żyjesz i jesteś
Nikomu
Nawet sobie.

Wygrać
Chciał wygrać z czasem
Wyrzucił zegar przez okno.

Pędzi
Ziemia śmiga po orbicie
Tysiąc sześćset na godzinę
Ani jednego postoju
Aby uzupełnić benzynę.

Ojej
Ojejku co by to było
Gdyby się powietrze skropliło
A jeszcze gorsza afera
Zaszła w ciążę atmosfera.

Jak żyć
Jak żyć jak pamięć wcięło?
Nie wiesz co teraz począć
Rada żeby pamięć odzyskać
Nowe pół litra napocząć.

Z byle czego
Z byle czego się śmiać
To nie jest sprawa błaha

A do tego rękoma machać
I jeszcze ze wciśniętym gazem
Uda się ale nie za każdym razem.

Pierwsze dziecko
Urodził się chłopiec Mikołaj
Pierwsze dziecko przed Nowym Rokiem
Byli bardzo wniebowzięci
Prezentował się niezłym workiem
A normalnie miał dwa jajka
I wystawała mu fajka.

Wieczność
Wieczność w niebie proszę ciebie
To się spełni razem z wiekiem
A żeby tego dostąpić
To trzeba być jeszcze człowiekiem.

Choinki
Jeden taki ze wsi Młynki
Przez cały dzień szukał choinki
W końcu skończył mu się czas
Wkurzył się i wyciął las
Ale choinkę ma z głowy
Bo trafił na las dębowy.

Oplucie
Koń się wkurzył pana opluł

Wtedy pan konika podkuł
Koń nerwowo nie wytrzymał
Pan mu gwoździe pozaginał.

Co słychać
Jak nie widać to nie słychać
Śmiać się głośno przy tym prychać
A do tego na pogrzebie
I na dodatek do siebie.

Ktoś może
Dodawać jest dużo łatwiej
Odejmować o wiele trudniej
Ale proszę równo dzielić
Bo ktoś może rózgą zdzielić.

Przykrości
Sami sobie robimy przykrości
To niekiedy da się odczuć
Najpierw winę udowodnić
A później ukarać i opluć
Ale skutek będzie inny
Gdy sam tutaj jestem winny.

Biznes
Miał ciągotki do biznesu
Nigdy siebie nie rozliczał
Jeden raz oddawał

A dwa razy pożyczał.

Pożyczył od Nieroba
Raz pożyczył
To zaczęła się rozróba
A teraz spłaca haracze
Raz się śmieje a raz płacze.

Nie teraz
Nie teraz jeszcze nie zaraz
Chciałoby się wszystko naraz
Zostać kiedyś milionerem
Mieć szczęście i od zaraz.

Bakteria
Bakteria się w narodzie zalęgła
I rozrabia bez litości
Wypija krew bez przerwy
Wchodzi w mózgi łamie kości
Wcina się do życiorysów
A to podczas rządów Kaprysu.

Łamigłówka
I kolejna łamigłówka
Znikła z kredensu stówka
Szuka pani od reformy
A to pan przekroczył normy.

Pan się przeniósł do Biformy
Stąd te przerwy w życiorysie
Narzeka niestety że jest w kaprysie
Po takim to Widzimisie.

Potrzeby
Potrzeby są coraz większe
A to na to a to na to
Jest nadzieja że lepiej będzie
Niedługo zawita lato.

Nie idzie
Świat fajny teoretycznie
A praktycznie duża bieda
Już nie idzie się połapać
Nie ma siły nawet płakać.

Zła robota
W pierwszej powiedzianej wersji
Nie powinno być pretensji
Że ktoś tak niebanalnie
Daje w palnik za grosze zbieralne.

Błąd
Wygląda to na czyn nierozumny
Uchylił wieko od trumny
Wyjrzał pomyślał o Boże
Jest okropnie i marznie na mrozie

Z powrotem wieko zatrzasnął
Powtórnie beztrosko zasnął.

Propozycje
Wysunęli propozycje
Chcą zlikwidować ambicję
Oraz inne tam poglądy
W tym powietrze zwykłe trąby.

W zamian stos czegoś obciachu
Bezpłatne programy strachu
I zbiorowe uświetnianie
Uchowaj przed tym nas Panie.

Kręte drogi
Drogi do niebiesiech są kręte
Dowiódł Ireneusz Święty
Dlatego dotąd trwa wojna
By zlikwidować zakręty
Rzucić wapienko na masę
Zaklejając buzie plastrem.

Sukces
I kolejny sukces many
Jedno okno cztery ramy
A w każdej ramie lusterko
I szampon z podwójną ścierką.

Chamski program
Kto stoi za takim programem?
Niechybnie to wół pasiaty
Jeszcze banku nie otwarli
A już trzeba spłacać raty.

Strach
Nad miasto padł blady strach
Gdzieś nad gmachem uniósł się dach
A dlatego tak się stało
Bo się złego nazbierało.

Każdy
Każdy by chciał być zdrowy i bogaty
Piękny uprzejmy i nie garbaty
I uśmicchać się mile
A udzielać jak motyle.

Program
Kaprys wymyślił taki program
Co przeczy wszelkiej godności
Oskubać kury do skóry
Aż do nieskończoności.

Wataha
Co się nazywa chorobą?
Cała wataha nierobów.

Co dalej?
Nic się kiedyś odezwało
Kim to nic powinno być
Dlaczego jest przyzwolenie
Ucztować wariować i bić
A to nic to nie obchodzi
Chyba tu nie o to chodzi.

Po drodze
Do szczęścia daleka jest droga
Czy każdy do tego się śpieszy?
Może troszkę wyluzować
Przy okazji bliźniego pocieszyć.

Zasługi
Co nazywamy zasługą
Zabijanie na wojnie za kasę?
Igranie z potwornym atomem
Niepożyteczne zatargi na sucho
A może granie w bambuko?

Naprzeciwko
Wyjść naprzeciwko siebie
Popatrzeć sobie w oczy
I udowodnić z gestem
Powiedzieć twardo   jestem.

Burzliwe czasy
Według wszelkich wiadomości
Teraz z zewnątrz dochodzących
Jest więcej miejsc leżących
Niż tych w biegu pędzących.

Parami
Nieszczęścia parami chodzą
Ciągle nowe i nowe się rodzą
Mimo ciągłych proszeń stopów
Nie wykorzystują urlopów.

Nie proste
Być człowiekiem to nie proste
Do tego jeszcze geniuszem
Nie każdy sobie może pozwolić
Od ciała oddzielić duszę.

Reakcja
Miarka może każdego dotknąć
Zdarzy się czasami potknąć
Obrazić własne sumienie
A reakcja w oka mgnienie.

Ścierwo
Przysłowie brzmi *zejdźmy na ziemię*

W naokoło groza drzemie
Mimo że się wybielamy
Ale w sobie zazdrość mamy.

Niepewne
Niepewność co przyniesie jutro jest sama w sobie
Zależnie kiedy ma to nastąpić
Wierzymy że jutro będzie
Ale również można zwątpić.

Dążenia
W programie życiowym dążenie się liczy
Ktoś spuszczony ze smyczy udaje groźnego zwierza
Po trupach idzie i uderza a może kiedyś się zdarzy
I nawet nie zauważy kiedy się o zimne sparzy.

Zawiedziony
Zawiódł się na samym sobie
Nie trzymał się mocno liny
Niestety zjechał ze szczebla
Chociaż nie było drabiny.

Ostateczność
Czy wieczność to ostateczność?
Czy to coś dobrego wróży?
Kto nam istnienie przedłuży?
Gdy przekroczymy te progi
By na ziemi zostały nogi.

Różnie
Dawniej to odmiennie było
Wspomnienia były do tyłu
Obecnie za nową modą
Wspomnienia popychamy do przodu.

Układy
Nie ułoży się jak chcemy po naszej myśli
Nie wiadomo co w nocy się przyśni
Nie dogonisz cienia w południe
Co się stanie jak duszyczka schudnie?

Nietypowe
W pewnym państwie na półkuli
Lud był jeden a dużo króli
A to już graniczy z cudem
Królowie rządzili ludem.

Pochodzenie
Udowodniono tej wiosny
Że Ktoś Ten pochodził spod Środy
A to że krewny Pingwina
To wcale nie jego wina.

Najważniejsze
W głowie rozum najważniejszy
Ale co się na to składa
Człowiek który to osiągnął
Dużo robi mało gada.

Tąpnęło
Zmiany w rządzie sądzie partii
Narady i konsultacje
Nagle kosmos się ulotnił
Zostały się jeno racje.

I tak i tak
Haruje zarabia i żyje
Łyka otręby i myje zęby
Ale jak spojrzy w lusterko
To mu głupio patrzy z gęby.

Potocznie
Kto potocznych słów używa
A nawet bluźni zaocznie
Sam siebie brzydko nazywa
Powinien zaprzestać niezwłocznie
We własne sidła wpadnie
Zdarzy się że u siebie podpadnie
A gorzej jak coś opadnie.

Przeliczyć się
Ktoś kiedyś się mocno przeliczył
Zawsze na Zeusa liczył
Lecz nie ma powodu do dumy
Zeus sprzedał teściowej pioruny
Teraz nigdy nie odetchnie
Podpadnie teściowa trzepnie.

Styk
Piorun znaczy elektryczność
Broń Boże z takim mieć styczność
On potrafi zamknąć mowę
Gdy zawadzi o obudowę.

Doniesienie
Niektórzy donoszą nie radzi
Że w kominach coraz więcej sadzy
W piecach płoną szmaty pampersy
Trafiają się nawet buty
Nikt nie ma na uwadze
Że nadchodzi mroźny luty.

Limit na oddychanie
Od teraz nie wolno kucać
Do kasacji wszystkie płuca
I podatek od westchnienia
Dla oszczędności powietrza
Propozycja nie jest najlepsza.

Nie dość
Nie dość że majątek roztrwonił
To jeszcze siebie dogonił
Nowym własnym samochodem
A do tyłu jechał przodem
W końcu stanął na pół drogi
I stwierdził że jest ubogi.

Tylko
Zostały tylko wspomnienia
Po tym co się zdarzyło
Ale to tylko w marzeniach
Niczego takiego nie było.

Zamówienie
Zamówiono wielki pług
Żeby zaorać dług
Procenty przykryła skiba
Chyba.

Ukazał się
W koronach ogromnych drzew
Ukazał się na wrotkach lew
O skrzydłach nie było mowy
I ma z głowy.

Jakoś będzie
Jakoś będzie nie ma rady
Bo poniekąd to zasady
Młodzi też się nie przejmują
A problemy nie są duże
Na szesnastu jajko kurze.

Doświadczyć
Kto nie spróbował biedy
Nigdy tego nie zrozumie
Bo z czego ma niby korzystać?
Za co ma kupić jedzenie
A głodny jak może się wyspać?

Czarna noc
Czarnej nocy by nie było
Nie tak jak postanowione
Żeby słońce nie świeciło
Jakiś czas w odwrotną stronę.

Gaz
Gaz opłaca się używać
Umiejętnie z myślą dobrą
Tylko nie mylić z tym gazem
Który tworzy się pod kołdrą.

Klątwa
Doścignęła plemię klątwa
Schorowana licha wątła
Zamiast zaszkodzić plemieniu
Wygrywała na grzebieniu.

Trąba powietrzna
Trąba powietrzna jak febra
Może uszkodzić żebra
Ale jest i gorsza taka
Zaskoczy i ukręci ptaka.

Kumać
Kto nie żyje ten nie kumie
I niczego nie zrozumie
Nawet za cieniem nie może się skryć
Jak to naprawdę powinno być.

Skutki picia wódki
Skutki picia wódki można sprawdzić
Umoczyć wystarczy buźkę
Przestrzegam umiarkowanie
I nie przesadzać w akordzie.

Parodia sprawiedliwości
Sprawiedliwość urojona
Kojarzona jako demon

Oficjalnie ukłuł się w serce
I wyparł się że to nie on.

Nikogo
Każdy posiada bóle własne
Małe duże nieprzyjazne
Możesz być nie wiadomo kim
Ale jak bóle przytulisz
To zaraz uszy przykulisz.

Nie bać
Nie bać się jutra i robić swoje
A w kąt odejdą trudy i znoje.

Różnice
Coś takiego racja w tym
Czy dym nie może być biały?
A można by się pochwalić
I sumieniem w piecu napalić.

Przez
Przez wiatry mogą stać się problemy
A dodatkowo ulewne deszcze
Wchodząc do lasu nie zawsze wiemy
Czy nie ugryzą nas wstrętne kleszcze.

Festiwal
Na festiwalu wystąpił koń
Kazali śpiewać co nie rozumiał
Nawet nie zdołał rżenia wydębić
A dodatkowo kopytem bębnić.

Koń z tym problemem wnet się uporał
Zaorał scenę i dyrygenta
Tak się rozczulił aż się rozpłakał
Co było dalej to nie pamięta.

Języki
Dlaczego języki są czerwone?
Długie wiotkie plastyczne i polityczne
Przejęte tak swoją rolą
A nieraz i bzdury p...

Fiś
Wiadomo to nie od dziś
Co potrafi taki fiś
Co udziela się palmowo
Przy tym głowa może boleć
Ten fiś to jest jak zwyczajny kolec.

Spodziewać
Dobrego się spodziewać na jawie
A złego korzystniej we śnie
Albo coś takiego wymodzić
Wcześniej umrzeć a dopiero później się urodzić.

Starszy wiek
Zakochać się w starszym wieku
Bywa często niebezpiecznie
Ale miłość nie wybiera
A narzekanie zbyteczne.

Dogonić czas
Dogonić czas jest nierozsądnie
Można zmęczyć się porządnie
Czas się zatrzyma kłopotnie
Słońce zacznie świecić odwrotnie.

Podobieństwo
A do czego to podobne
Suknie stały się niemodne
Zastąpiono je na kiecki
Tak powstał Rytuał Walecki.

Sny
Sny się sprawdzają
Ale co drugi
W jednym jest konto
A w drugim długi
Ale zależy w którą jest stronę
W pierwszym są zera
W drugim zielone.

Oddanie
Jednemu odjęło mowę
Pomyślał i oddał głowę
A później resztę ciała części
Wtedy doznał wielkie szczęście.

Najlepiej
Najlepiej jest nie chorować
I za grzechy nie żałować
Nie używać medycyny
Przeważnie ze swojej winy.

Super gość
Super gość nigdy nie złaje
Taki to wszystko oddaje
Nawet to czego nie posiada
Dobrze mieć takiego sąsiada.

Od jutra
Od jutra będą gotowe
Hulajnogi odrzutowe
Taki zwyczajny program armatni
A lot ten będzie ostatni.

Pech
Wyjątkowego miał pecha

Wypił cztery skrzynki Lecha
A to trafiło na słonia
Dał się słonio zrobić w konia.

Spodziewać
Robotnikowi od dzisiaj wolno
Dużej wypłaty się spodziewać
Ale przeważnie jest jaka jest
Resztę to może sobie dośpiewać.

Rozwód
Czy nazywa się chorobą?
Branie rozwodu ze sobą?
Samego siebie zapłodnić
I jeszcze to udowodnić.

Koniec i początek
Spierał się początek z końcem
W którą stronę świeci słońce?
A dlaczego jest gorące a nie chłodne?
I dlaczego powietrze jest modne?

Cel
Do celu pędziło tak wielu
Prawdziwie uczciwie rzetelnie
Zdzierali podeszwy po pięty
Ale nikt nie został świętym
Ta sytuacja i gorszy

Pędzący byli bez forsy.

Naprzeciwko
Pojedynek Dawida z Goliatem
O co tak naprawdę chodziło?
Do podziału tylko szklanka gorzałki
A przeciwników suszyło.

Pomyłka
Pomyliło się stronom świata
Każda poszła w innym kierunku
Ale ziemia jak zwykle harda
Została na posterunku.

Układ
Ktoś tam z niebem się układał
Grzechy do wora wkładał
Co niestety nie pasiło
I na niektórych to się odbiło.

Korzyści
Jakie korzyści ma święta
Umieszczona na obrazie?
Ktoś powiedział że żadnych
Jeśli nie ma oczu ładnych.

Ktoś ten
Ktoś ten inaczej bezwzględny
Bardzo brzydko się zachował
Babcia pochowana w koszulinie
Bo trumnę zarekwirował.

Spalić
Ma się czym ten pan pochwalić
Ktoś tam próbował go spalić
Ale ogień się nie chciał nim zająć
A widział to mądry zając.

Strach
Ktoś twierdzi że strach dobrze widzi
Jest brzydki i się nie wstydzi
Sam siebie się nie boi
Ale się dwoi i troi.

Czy?
Czy ropucha to też żaba?
Pomarszczona podziargana
I nie boi się bociana
A ten udaje że jej nie widzi
Bo jej się brzydzi.

Prawda
Produkcja prawdy potrzebna

Tak to z reguły bywa
Wiatr za pieniądze nie wieje
A ryba odwrotnie nie pływa.

5 - 50

Żałował
Księgowy
Wydawało
Bać się
Lepiej
Zobaczcie
Dobrze będzie
Przecinka
Nie w tą stronę
Nie dają spać
Sprawdzić
Odwrotnie
Rybacy
Śpiewak
Przytulanka
Drzazga
Postnie
Zarąbiście
Niech widzą
Że
Ślub i welon
Pocięty
Związać się
Szukał
Wiedział
Powinno być
Buta
O dziwo
Norma
Rakieta
Pająk
Historia
Wolę
Usługi szewskie
Nasza era
Chcieli do nieba
Zamówienie
Zawał
Kłótnia
Robić łaskę
Muzyka
Kryć się
Dopadło
Sobek
Spadł z serca

Śmiech bezcelowy
Zamiast
Nikt nie wiedział
Motyl
Świntuch
Oj tato
Akceptować
Odwrotna pomyłka
Ojejku
Naraz
Wstyd
Modlący
Dług
Lichwa
Sen nijaki
Zdjęcie
Robotny
Wymiana
Słuchy
Zakaz
Wolno
Przeciwko
Opierał się
Sprzeczka
FUPL
Pogięło
Średniowieczo
Służba
Sprowadzili
Ujarzmić
Przespał
Podział
Wykręcić
Zdarzyło
Sukcesy
Rowerowo
Wiarax
Na dnie
Majowo
Tak wygląda
Pomyłka
Pożarł się
Zdarzyło się
Dawca
Jednocześnie
Podniecony
Wybrani

Suchota
Przemieszczenia
Poradzić
Zacząć
Zaprowadzić
Ojcowie
Okazja
Został
Komuś
Kwitnie
Uparł się
Mowa Babci
Nieciekawie
Ostre zęby
Niewskazane
Zemsta
Sztuka
Jad
Pomyłka
Wiadomości
Wybór
Musowo
Wyluzować
Dobra robota
Nazwać
Wielka sprzedaż
Skąpiec
Spieranie
Jednakowo
Zdziwienie
Skarga
Zamiast
Opijał
Rozmnożenie
Głupio
Źle
Zachowanie
Przepadło
Tradycja
Tak jest
Wróżka
Pomyłka
Na wojence
Nierówność
Kolejny raz
Zdarza się
Dowód

Dwa pojęcia
Zabezpieczyć
Nie pal
Smog
Chciał
Trzecia wojna
Polityczność
Po co to?
Ktoś
Zamiary
Lanie wody
Bliżej
Teoria w praktyce
Wolna wola
Nerwowo
Wyjść z siebie
Zdarzenie
Awans Anioła
Liczyć
Jakby
Dać
Skąd.
Macie się
Zalanie
Za dobre
A po drodze
Czy?
Po co?
Rozmyślania
Różnie
Rzeczywistość
Co dalej?
Idziemy
Nie wiemy
Łza
Robole
Sen babci
Nic nie pomoże
Nie kulturalnie
Ile trzeba?
Po kryjomu
Jeden taki
Kręci się
Myśli przychodzą
Zostać
Duże oczy
Trafił

Dostatek
Skąd?
Towarzystwa
Zakąska
Wisielec
Powód
Ból
Moje i wasze
Kto?
Cierpki
Odzyskać

51 - 100

Swoboda
Udowodnić coś
Dogadać
Zaczęło się
Rozmowa
Strajk
Poznali się
Dziwne
Należy się
Nagroda
Zadowolenie
Istnieć
Dno
Lud
Ryk
Pamięć
I to
Sklepy śmiechu
Przykład
Róbcie swoje
Kredyt
Niedobre
Ostatni bój
Władcy dusz
Szukać
Darmo
W tę i we wtę
Ruch oporu
Odwrotność
Drzemka
Bez wody
Kłótnia
Jeden taki

A jednak
Kto by pomyślał
Sen
Gryzonie
Zez
Los
Faryzeusze
Nerwy
Zdarzyło się
Pomysły
Zakochać się
Robił swoje
Bracia i siostry
Nie znalazł
Uwaga
Ona rzecze
Poprztykać
Niejasności
Bez i bez
Scena
Poszedł
Dziwne
Szeryf
Wadliwy
Ruch
Kiedyś
Krytyka
Marzenia
Wyzwolenie
Kara
Fantastyka
Kurcze blade
Rodowód
Było dobrze
Deszcz
Weźcie
Kryzys
Wstęp
Ryk
Warto żyć
Syty
Solarium
Luzem
Koniec
Zemsta
Odwaga
Widok

Zamówienie	Niesłusznie	Biadole
Wkurzyć się	Wyrzeczenie	Temat
Plan	Pilne	Pan
Zabronić	Szekspir	Bokser
Nam i wam	Wypchał się	Rodzinnie
Być gotowym	Na dobre	Najbardziej
Tacy	Nie chorować	Gaz
Przedtem i potem	Starość	Odważni
Z powrotem	Przepraszał	Za wiele
Śmieszność	Pomyłka	Front
Igrać	Pomsta	Teoria
Rysownik	Trudno	Malarz
Liczył na coś	Kura	Na nic
Renta	Tryby	Targ
Stop	Świnia	Zróbcie coś
Śmieszność	Za daleko	Yard sale
Pech	Wywód	Udawać
Za wszelką cenę	Czy?	Szumy
Przymiarka	Szukać szczęścia	Lato
To do czego	Wytłumaczyć	Twardziel
Oglądacz	Palenie	Idź
Widno	Wszystko jedno	Dumał
Lato w zimie	Ktoś kto	Tęsknota
Koniec	Dawne czasy	Kogo
Rum	Murowali	Debil
Ziemia	Kłamać	Weźmy
Sok	Pokusa	Co będzie
Ciężko	Telepie	Mistrz
Ideał	Zygmunt	Komu
Teatr	Gwint	Raz
Kawa	Słuchy	Towarzystwo
Kryzys	Strach	Lub
Od roboty	Zostańcie	Antychryst
Gwizd	Kolorowa	Luzem
Bzyk	Luz	Problemy
Dinozaury	Weteran	Wół
Pokonać	Przenosić	Rozwalą
Zapadł	Kazali	Straszyć
Mucha	Pogoń	Od myślenia
Strzelba	Skórka	
List	Zabawa w piekle	**101 - 150**
Wiatr	Dziwny starzec	
Zamiast	Atom	Woleć
Pomyłka	Rajski ogród	Wyprzeć
Wkurzył się	Coś takiego	Wymysł
Gdzie?	Zakręty	Dymnie
Dane nam	Co będzie	Uśmiał

B
Ratunku
Grymas premiera
Skala
Pięta
Nie powstaną
Pośpiech
Prywatyzacja
Wyspa
Robinson
Nie wolno
Duma
Orły
Sądy
Zobacz
Powiedziano
Rybak
Dokąd?
Złość
Dość
Generał
Szok
Menda
Dziad
Zostało
Marzenia
Kompromis
Grymasy
Sojusze
Nadrzędni
Trudno
Rozwód
Decyzja
Kosmici
Tak to jest
Można
Pomóc
Wielcy
Pożegnanie lata
Bujda
Kulka
Problem
Nowe
Udowodnić
Komu
Wina
Co było pierwsze?

Dziwne
Zorro
Wyrzekł
Zaprzeczyć
Spienić
Rozkosze
Skazany
Tradycja
Ile
Polowania
Roboty
Fajnie
Inteligent
Wyjdę z siebie
Rozmowny
Zmiany
Dziwne
Zielone karty
Nic za darmo
Wystrzał
Rabunek
Strajk
Koń i radio
Tanie
Coś
Coś takiego
Rysio
Nierówno
Pająk
Poszli
Piasek w oczy
Mocarstwa
Rum
Straszno
Pospólstwo
Ot i
Nie wdychać
Inni
Narąbał
Nieuk
Burza
Boli
Do przychodni
Lump
Rzucił pracę
Co ma
Dźwigać

Takie coś
Poczekać
Uśpienie
Ile prawdy
Problem śmieci
Co ma
Kolejki
Inwazja
Wizy
Bałwan
Ustawy
Marzyciel
Można
Miłości
Wystawa
Złoto
Apostoł
Odebrał
Sytuacje
Czy wypada?
Ruszcie się
Karakul
Palisz
Z dymem
Zamknięci
Dranie
Jeden taki
Wypieki
Garbaty
Zaczęły
Pospólstwo
Sojusze
Nie oddychać
Inni
Wielcy
Mowy
Ludowe
Znęcanie
Czy wolno
Pokazali
Mimo tego
Odznaczenia
Od jutra
Coś takiego
Promile
Lekko i ciężko
Dzięki

Real	Program	Coś takiego
Zrobić coś	Potworowo	Widział
Zabłąkana kula	Nakazy	Służyć
Gryzoń	Partie	Zachwyt
Tamten z tym	Dobre sobie	Pożyczka
Umarł i	Super	Pomyłka
Nami i wami	Gra	Wojny
Hobby	Zabrali	Nie samym
I pomyśleć	Rozbój	Zniknął
Karać	Wojna	Zaproszenie
W barze	Smak	Liczyć
Koło	Pokuta	Blew
Wymysł	Racje	Młodość
Koniec świata	Kamerdyner	Sen
Urodzony	Z nami	Dochodzenie
W państwie	Fujara	Męki
Locha	Nie winien	Obowiązki
Kurpie	Dziwy	Dorównać
Kopie	Kant	Kto
Corrida	Racja	Zanim
Pomyłka	Goło	Gonić
Upiór	Pchać	Rabunek
Znaczenie	Zajęcia	Histeria
Madryt	Kropka	Gra
Kraksa	Byle co	Śmiem twierdzić
Ratunku	Szukać	Z obrazka
Koleżeństwo	Wierzby	Rada
Przechodzimy	Kłopoty	Sława
Wyznanie	Pomyłki	Lęk
Bandy	Założył się	Wymysł
Jak?	Zęby	Napad
Implant	Chcę być	Kiszki
Ideał	Pamięć	Uwaga
A tam	Na wojnę	Szukać
O paleniu	Szef	Dole
Prawdziwie	Dość	Zły pies
Układ	Lampa	Przyjrzał się
Mało czy dużo	Zwierzenie	Ekstra
Szalony	Zawłaszczył	Płacze
Mina	Został	Śmiech
Nie może być	Dureń	Kolejki
	Bob	Kosmos
151 - 200	Pełna pierś	Wysłany
	Symbole	Geniusz
Zmiany	Ryk	Nie działa
Miał się	Nie chcę	Beton
Zmiany	Potem	Wszędzie

201 - 250

Odmiana	Przywiązany	Udawać
Banda	Partyzant	Ściema
Pijusy	W sądzie	Kot
Wypowiedzi	Lament	Wykrakać
Coś takiego	Racje	Super
Sen	Na niby	Po
Potknął	W grubość	Niemądry czy duży
Połknąć	Ryzyko	Są i nie ma
Uciekał	U Ramzesa	Zmiany
Lenistwo	Cud	Czuć
Role	Udawać	Policjant
Rozwód	Tamte czasy	Szanować
Wstyd	Bez różnicy	Ryba
Zagrycha	Ciapa	Szum
Pojawił	Drzewo	Nie bić
Łaska	Niesłychane	Polepszyć humor
Według	Wyjścia	Pomysł
Strach	Udawać	Susze
Ancymon	Posag	Nie bał się
Co ma	Spodziewać	Bez
Po co	Życie	Potem
Geniusze	Dusze	Zabezpieczenie
Spór	Absurdy	Super hero
Stronić	Uciekł	Symbole
Podsłuchy	Straszne	Złote góry
Strata	Stój kto idzie!	Sobowtór
Kogo	Wyparł się	Rola
Powinno	Rodowód	Niedorajda
Więdną	Zakaz	Królować
Na serio	Nietypowe	Beknąć
Wiązać	Różnica	Ambicja
Nie lubi	Nieładnie	Krytyka
Kaprys	Sonda	Trud
Ogarnąć	Dusza	Dusze
Mamy	Hobby	Pamięć
Zawód	Fucha	Wyjazd
Na bok	Zajmie	Pretensję
Wtargnął	Wypracowany	Liczy się
Wątpić	Koledzy	Żal
Śmieszny	Ludzie	Zawód
Wrażenie	Lęk	Syty i głodny
Prezydent	Medale	Rzecz
Sądny dzień	Jeden	Kim być?
Poleciał	Supeł	Podpaść
Reszta	Czy się należy?	Melodia
Szyderstwo		
Nawiedzony		

Wina	Rozmowa	Bunt
Charaktery	Kręci	Korek
Idealnie	Śnieg	Horror
Cień	Wyleczyć z biedy	Bezskutecznie
Czaić się	Dzień	Bez
Na Milusi	Zostało	Nie ma
Zamienił się w	Zauważyć	Zamknęło mowę
słuch	Zakup	Bieda
Gryzonie	Rozpacz	Rym
Noe i Arka	Post	Co robi świnia?
Taki to	Prawda	Specjaliści
Na co liczyć?	Lew	Sposób
Do	Areszt	My wszyscy
Służba ziemi	Są	Uczyć się
Zostać	Coraz bliżej	Dzwonił
Uważać	Zmowa	Szybka jazda
Zakręcił	Chwile	W garści
Jak	Teraz	Zmiany
Nie ustąpił	Chciwość	Pukać
Zrozumieć	Nie orze	Po
Trochę	Gdybać	Wąż
Wkurzył się	Kto chce	Srebrniki
Nie dolazł	Porównanie	Burak
Głośność	Pytania	Co by to było?
Róbcie swoje	Charaktery	Za mną
Skarga	Opętanie	Wkurzyć się
Gra	Koniec świata	Tryby
I tu i tu	Tradycja	Zgubiła się
Spece	Kto rządzi	Rodzina
Asy	Jak w banku	Demokracja
Rodzaje myśli	Żałoba	Kto wymyślił?
Rób coś	Wynalazek	Komu się wiedzie
Wczoraj	Kradzież	Niemoralność
Nie kłam	Stul pysk	Barykady
Nie będzie	Gdzie?	Wydaje się
Przyjemność	Żarty	Rada
Kultura	Słaby pomysł	Zdrowie
A niech tam	Nie daj	Dwie opcje
Pamięć	O co chodzi	Smok
Zmiany	Kiedyś	Ona
Non stop	Klisza	Terroryści
Dogonić	Kto to słyszał	Rola pola
Odbija	Chować się	Uda się czy nie
Historia	Poszło o	Męczyć się
Korki w miastach	Mech	Ten czas
Dąsać się	O tętnie	Emocje
Ideał	Przeprosić	Upadek

Wiesz
Dwie strony
Piaskiem po oczach
Stworzył
Super moce
Założenia
Niewola
Nie pojmie
Co się kryje?
Nie unikniemy
zagłady
Spory
Za
Zziębła
Męczeństwo
Zostaw
Zmalał

251 - 300

Demokracje
Zakazy
Potem
Co ratować
Po odpuście
Mocny
Nazwać grzechem
Wprowadzili
Rób swoje
Na czym polega
Spróbuj
Powołanie
Wstrząsy
Pomyłka
O swoje
Krew
Mądrość
Los
Układanka
Widział
To już
Być aniołem
Jak wygląda
Kupić czas
Co mamy
Blew

Swój i obcy
Mydlenie
Lata
Ukrył się
Udowodnić
Myśliciel
Kopernik
Cynk
Zawiedzenie
Zadanie
Kłamał
Pewna dama
Bieg myśli
Należy
Koń
Samiec i samica
Opium
Napaść
Zęby
Zdziwienie
Nie wiedział
Kamera
Luz
Karykatury
Co nie ma sensu
Coś napadnie
Jeszcze raz napadło
Samemu
Wiary
Dopadł
Słuszna uwaga
Charakter
Nie stronił
Musisz i koniec
Wisielec
Sprzeniewierzył
Rozpęd
Skrzypi
Stłumić
Nie słaba
Woleć
Zrozumiałem
Nieźle
Hańba
Jaka różnica
Sprzeczka
Dorota

Buc
Kobieta
Lęki
Kopie
Nasila się
Hipokryzja
Nie istnieją
Dusze
Ogień
Artykuł
Nie poświęcił
Oblizywać
Do jutra
275 fraszka
A niech tam
Robot
Za nim
Becz
Wyzysk
Krakać
Ktoś powiedział
Przechlapać
Dużo
Dojść
Tajemnice
Zapisane
Gdzieś tam
Los
Większość
Ratunku
Wypadł
Wcięło
Super
Fantazja
Powódź
Rozpierducha
Marzenia
Chciano
Była czarna
Kolejna próba
Archimedes
Zamówienie
Komu
Bywają
Klasa
Ktoś coś
Od posiadania

Od zapasu
Klamka
Toń
Hobby
Zuchy
Kto i gdzie?
Jakieś szanse
Pieniądze
Za kogo?
Akurat
Jak jest
Mąka
Nie odrzucaj
Kiedyś
Ii
Podzielić
Bestie
Strzał
Strata
Spadek
Lód
Tyfus
Być królem
Zasady
Luzem
Ona
Śpioch
Znasz się
Nie wiem
Sęp
Barykady
Ty tam
Ekstra
Lucky
Jednocześnie
Za co
Właściwie
Dotyczy to
Pewne
Wkurzona klacz
Obecny na zdjęciu
Moda
Gra na czas
Powinno być
Luźne związki
Świętość
Siła

Koniecznie
Tornado i
Trop
Na pustyni
Mów do mnie
Dzięcioł
E Tam
Zezowato
Co tutaj mamy
Chociaż dwieście
Absurdalnie
O!
Na mojej głowie
Moje ja
Non stop
Zróbmy coś
Do czego
Pasterze
Za co
Trybunał
Niejawności
Gra
Dobry bajer
Serio
Zupełnie
Komu winien
Nic widać
Oby tak było
Nie i tak
Książki
Przeciw i za
Różnie
Ulga
Myśli są
Na tym
Kształty
Nakręceni
Razem
Senność
Abecadło i śmiech
Konsekwentnie
Wiercić

301 - 350

Kamienie
Straty

Nierówne połowy
Spadek
Rutyna
Ograć
Nie poznasz
Rada
Wybrać
Dance
Pozycje
Gwałtu rety
Koniec z końcem
Obowiązki
Ideał
Poczekać
Żebrać
Lektyka
Poglądy
Krach
A tak a nie tak
Ociągać
Rzeczywistość
Dobrze i źle
Dawno
Stop
Skojarzenia
Starość
Namnożyło się
Hm
Zrozumiałem
Wydaje się
Tryk
Oj toczy się
Przypadek w niebie
Tablice
Prawdziwa rzeczywistość
Skub skub
Wysiłkowo
Niefortunnie zagrać
Za potem
W mojej ciszy
Haczykowo
Na połowę
Gun
Opera

Nie ważać	Pretensje	Była
Mateusze	Zejdzie	Złe
Uporczywość	Przemówiła	O coś
Do tragedi	Uśmiech	Tratwa
Daliście	Pies	Odnowić
Tamci i ci	Kaliber	Po naszemu
Przeszłość	Nie kazano	Tak i tak
Komu	No nie	Bakterie
Łajać	Czas	Tutaj
Nie tak	Demony	Nie przykleił
Rada	Kiedyś	Nie dawaj wiary
Zagubić się	Płacić	Kantem
Plastyki	Komu i gdzie?	Drzewo rodowe
W oczy	Sroka	Total
To my	Tętno	Pomagać
Nieuchronnie	Krzywy życiorys	Jasnowidze
Głupio	Parobek	Zniesiono
Kontrakt	Rozdęło	Dawne czasy
Tacy sami	Lekcja	Łańcuszki
Dawno temu	Rada dla ludzkości	Szpiedzy
Rakiety	Już jest	Artyści
Mijanie	Sprawy	Zasady
Świadomość	Pokonany	Intencje
Halo	Wzięli	Kolesie
Cztery czwórki	Skąd wziąć	Pokój
Podżyrował	Po	Skrzek
Jakby nie było	Temat	Przesada
Obudzenie	Tyś	Święci
Ponad	Szanowny panie	Wszystko było
Atak	Ognie rozpaczy	Pretekst
Uczta	Czekaj nie	Ekstra i dalej
Słońce świeci	Będzie i	Hemoroid
Nieznane są	Obrzucili	Finezja
Trafiony	Lada dzień	Rzutki
Pół kaca	Pies w kącie	Zdawkowe
Idiota	Szekspir	Ciastka
Zamek	Ucieczka	Zatrzasnął
Wicher	Napad	Potrzaski
Mam się	Podmiana	Zaskoczenie
Sposób	Wczuł się w rolę	Super
Lata	Oko w oko	Armia
Zaznaczę	Odnowić	Połknął
Gałązki	Kasta	W piecu
Siepacze	Pomyłka	Dopiero
Salsa	Składka	Nad przepaścią
Zmóc	W cztery oczy	Maści
Nie pocić się	Nigdy	Przelewać krew

Darmowe wczasy
Ubóstwo
Zrzucić więzy
Nobel
Nie sposób
Fajnie
Wydajność
Gdyby
Mówili mu
Odpuszczenie
Kiedy
Wielkie miasto
Siebie
Pokazał
Zostawcie go
Wyjadę

351 - 400

Używać
Twierdzenie
Tu i ówdzie
Doszedł
Strach
To nic
Płacz
Grzech
Beznadzieja
Przymierze
Pamięć
Talent
Miejsca
Powiem pan
Uradzili
A teraz
Pożyczka
Wpadł na to
Dorwał się
Grał wszystko
Zamotać
Limuzyna
Do mety
Ranki
Dośpiewać
Znieść czy
Pomimo że
Alergia

Dyskoteka
Drakula
Pojąć
Zniesione wizy
Rozumiejąc
Sklonować
Poczekam
Przebyć
Klaskać
Podatek od duszy
Malowane
Nie będzie
Coś o zalotach
Sen
Zacny
Na przekór
Perfidny
Załamanie
A gdyby tak
Kolejka
Kieruje losem
W każdym miejscu
O każdej porze
Grzebać
Rozwalić
Zamiast
Grabie
Ostrzał
Sentyment
Dojrzał
Dwie połowy
Zebrały się
Co mi tam
Nie będę
Nominacje
Czekamy
Pomyłka
Co zależy
Możliwości
Medycyna
Zdrówko
Śledził
Duma
Na czasie
Pokutne
Energia
Za darmo

Dinozaur
Gałganeria
Osoba
Co by to było?
Gonić
Nie zgubić
Zadarł się
Nie do wiary
Rozwalanka
Wyszła
Wiedziała
Brak pamięci
Dylemat
Cesarz
Po prawdzie
Ale wariat
Narozrabiał
Zadanie
Sprawdziło się
Wałkoń
Nie będzie
Babrzykan
Fałszywi
Idealna pustka
Wiemy że
Za darmo
Nie bądź
Kozi róg
Przemijanie
Podołać
Kapitał
Kultura
Żałość
Fatalnie
Usłyszeć
Odkrycie
Sondaże
Dyskryminacja
Ostrożnie
Rodzeni bracia
Statystyki
Przyrost
Zamiast
Służba zdrowia
Odkrycie
Lipnie
Wkradła

Zarzut
Sprzyja
Woleć
Bełkot
Wielkie dzieła
Lewica i prawica
Nie bój się Boga
Za modą
Diagnoza
Bajka
Droga
Doceniony
Paskudny
Nie tędy droga
Niezrozumiałe
Niebezpieczni
Walka
Po stopie
Zbladł
Ciągle mało
Wykroczenie
Pomyłki
Odpadł
Światopogląd
Wił się
Asysta
Stara sztuczka
Korona
Teksty
Czarny humor
My sami
Specjaliści
Zła pochwała
Narodowe wnioski
Emocje
Odzyskać
Nie będzie
Środek nocy
Służyć sobie
Wysłuchał
Kto zleca?
Komiczna sytuacja
Oburzenia
Zwykli ludzie
Uświadom sobie
Ekipy
Nasze winy

Wolność
Zmyślak
Teoria i praktyka
Zemsta
Kiedyś
Zebrać myśli
Modne
Rozbił
Bunt
Nie wierzcie
Zostawmy
Nie ma odwrotu
Puste słowa
Za chwilkę
Sposoby
Nie było
Głupio beczeć
Wredny malarz
Szczęście
Nieważne
Co dalej?
Nabrany

401 - 443

Rola
Stara się
Nie było
Wygląda na to
Kto komu
Nie martwić się
Do czego
Błędy
Trzeba
Mózgi
Brak
Dręczyć
Niczyje
Zmiany
Dać i zabrać
Lecą
Na leżąco
Szczęście
Istnienie
Dylemat
Nie i już
Wielkie czyny

Naprzeciwko
Wolność
Za kogo
Nie rozumiem
Nowy haracz
Piszczy
Dobrzy ludzie
Okoliczność
Ufność
Przeginanie
Hymn
Zmartwychwstanie
Nie ma
Smocza jama
Między innymi
Stać się może
Ścieżka zdrowia
Prawda
Co się kryje
Podwójne życie
Otchłanie
Na akord
Niemiło
Dajcie spokój
Sprzedaż
Za co?
Egzorcysta
Prywatyzacja
Tąpnięcie
Nie stracić
Na co dzień
Mijać z prawdą
Sprzeczka
Mędrzec
Nic
List
W otwarte karty
Dwa wyjścia
Zaprzeczyć
Lawina śmiechu
Zmieniać świat
Ukręcić
Zdarzenie
Jędza
Zmienić w czasie
Dwie strony
Pod uwagę

Zdolności
Wybrać
Lepiej
Gdyby
Wszystko i nic
Zmiany
Menda
Rozmowa
Równość
Daleko
Udawał
Oddał
Być
Wygrać
Pędzi
Ojej
Jak żyć
Z byle czego
Pierwsze dziecko
Wieczność
Choinki
Oplucie
Co słychać
Ktoś może
Przykrości
Biznes
Pożyczył od
Nieroba
Nie teraz
Bakteria
Łamigłówka
Potrzeby
Nie idzie
Zła robota
Błąd
Propozycje
Kręte drogi
Sukces
Chamski program

Strach
Każdy
Program
Wataha
Co dalej?
Po drodze
Zasługi
Naprzeciwko
Burzliwe czasy
Parami
Nie proste
Reakcja
Ścierwo
Niepewne
Dążenia
Zawiedziony
Ostateczność
Różnie
Układy
Nietypowe
Pochodzenie
Najważniejsze
Tąpnęło
I tak i tak
Potocznie
Przeliczyć się
Styk
Doniesienie
Limit na
oddychanie
Nie dość
Tylko
Zamówienie
Ukazał się
Jakoś będzie
Doświadczyć
Czarna noc
Gaz
Klątwa

Trąba powietrzna
Kumać
Skutki picia wódki
Parodia
sprawiedliwości
Nikogo
Nie bać
Różnice
Przez
Festiwal
Języki
Fiś
Spodziewać
Starszy wiek
Dogonić czas
Podobieństwo
Sny
Oddanie
Najlepiej
Super gość
Od jutra
Pech
Spodziewać
Rozwód
Koniec i początek
Cel
Naprzeciwko
Pomyłka
Układ
Korzyści
Ktoś ten
Spalić
Strach
Czy?
Prawda

www.ingramcontent.com/pod-product-compliance
Lightning Source LLC
Chambersburg PA
CBHW052203090526
44583CB00015BA/1104